Auslaufmodell
Mensch?

Walter R. Kaiser ist Dipl.-Ing. und Dipl.-Wirtschafts-Ing. Zu Beginn seines Berufsweges war er Systemanalytiker, Programmierer und Anwendungsberater bei internationalen IT-Unternehmen. Danach leitete er größere mittelständische Unternehmen der Brachen Elektrotechnik und Elektronik als Geschäftsführer. Über viele Jahre hatte er Lehraufträge an Hochschulen. Er ist als Beirat/Aufsichtsrat in verschiedenen Unternehmen aktiv. Seit einigen Jahren schreibt Kaiser Sachbücher. Ein Verzeichnis seiner Publikationen und Vorträge findet man auf seiner Autoren-Homepage: www.kaiser-forum.de

Walter R. Kaiser

Auslaufmodell Mensch?

Mythos und Wirklichkeit der Künstlichen Intelligenz

**Bibliographische Information
der Deutschen Nationalbibliothek**

Die Deutsche Nationalbibliothek verzeichnet diese Publikation
in der Deutschen Nationalbibliografie; detaillierte bibliographische Daten sind im Internet unter Adresse
http://dnb.dnb.de abrufbar.

© 2020 Walter R. Kaiser
Titelfoto: © AdobeStock_230893685
Herstellung und Verlag
BoD - Books on Demand, Norderstedt
ISBN: 978-3-7519-8940-4

Inhaltsübersicht

Einleitung

Der Begriff Künstliche Intelligenz (KI) wabert seit Jahren durch Zeitungen, Zeitschriften, Fachmagazine, Presse, Funk, Fernsehen und Internet. Technik-Skeptiker sehen in ihr die Vorhölle auf Erden, der sichere Weg zum Untergang der Menschheit, die Versklavung durch nicht mehr kontrollierbare Technik. Technik-Freaks erwarten die Erlösung der Menschheit von allen Mühsalen, die das Leben heutzutage noch belasten, praktisch das irdische Paradies. Künstliche Intelligenz, abgekürzt KI, ist nicht nur ein Thema der Informatik und Computerwissenschaft, sondern auch der Soziologie, Philosophie, Neurowissenschaft, Jura und sogar der Theologie. Wer sich nur am Rande informiert oder gar nicht, weil ihm das Thema zu undurchsichtig oder zu technisch erscheint, ist verunsichert. Fiktion und Realität vermengen sich zu einem Gemisch, dessen Bestandteile kaum mehr auseinander zu halten sind.

Was dürfen Sie in den folgenden Kapiteln erwarten? Zuerst gebe ich Ihnen einen kurzen Abriss darüber, wie sich das Maschinendenken der Menschheit wahrscheinlich entwickelt hat. Denn KI-Anwendungen sind im Grunde auch nichts anders als Maschinen, nur undurchsichtiger als alles, was bisher unter dieser Bezeichnung verstanden worden ist. Dann befasse ich mich mit den Begriffen: Intelligenz, Lernen und künstlich. Denn schon darüber gibt es verschiedene Ansichten und Definitionen. Ziel ist es, den Begriff KI, Künstliche Intelligenz etwas griffiger zu machen. Ich werde Ihnen danach einen Einblick geben in das Innere der Künstlichen Intelligenz, deren Methoden und Grenzen. Dabei schaue ich nicht zu tief in die Eingeweide, sondern beschränke mich auf die Prinzipien. Dazu gehören Begriffe wie: Neuronales Netz, maschinelles Lernen, Deep Learning und Mustererkennung. Anschließend wende ich mich einigen konkreten Anwendungen zu, die heutzutage mit KI verbunden sind. Dazu gehören Bereiche wie: Medizin, Verkehr, Robotik, Alltag und auch Spiele. Dabei werden auch ein paar rechtliche und ethische Probleme angesprochen.

Gegen Ende des Buches versuche ich eine Antwort auf die Jahrhunderte alte Frage, was der Mensch ist und ihn eigentlich ausmacht. Eine Gegenüberstellung des Menschen mit seinen vermeintlich noch so intelligenten Artefakten wie die KI schließt sich an. Dann fasse ich wesentliche Aussagen nochmals zusammen und gebe einen Ausblick, wie es weitergehen könnte.

Ein Literaturverzeichnis am Ende des Buches gibt Hinweise auf weiterführende Literatur, mit der man das eine oder andere Thema vertiefen kann. Es sind sehr viele aktuelle Beiträge berücksichtigt.

Was ist eine Maschine?

Definition einer Maschine aus dem 19. Jahrhundert und heute. KI-Systeme sind auch nur Maschinen. Sie verarbeiten Objekte und Informationen, um ein gewolltes Ergebnis effektiv zu erreichen.

Wenn wir heute von einer Maschine reden, dann denken wir in der Regel nicht groß darüber nach, was eigentlich genau damit gemeint ist. Wir haben ein intuitives Sprachverständnis dafür, was man darunter versteht. Begriffe wie: Mechanik, Bewegung, Zwangslauf, Steuerung, Hardware, Software, Produktion fallen uns dazu ein. Wenn wir gefragt würden, was denn der Unterschied ist zwischen Werkzeug, Vorrichtung, Gerät, Apparat, Maschine, Roboter, dann müssten wir schon etwas intensiver nachdenken. Wir müssten Kriterien festlegen, nach denen man diese Begriffe unterscheiden kann.

Den Namen Franz Reuleaux (1829-1905) kennt heute kaum noch jemand. Er war Maschinenbau-Ingenieur, Professor und Direktor an der Königlichen Gewerbe-Akademie Berlin. Im Jahr 1875 veröffentlichte er ein Buch mit dem Titel: *„Theoretische Kinematik – Grundzüge einer Theorie des Maschinenwesens"*. Kinematik ist die Lehre von Bewegungen von Körpern im Raum, ohne dass dabei die *Ursachen* beachtet werden, die diese Bewegungen hervorrufen oder beeinflussen. Reuleaux war einer der Ersten, der die Ingenieurwissenschaft als eine exakte Wissenschaft zu etablieren versuchte. Er war auch Mitbegründer der sogenannten Technikphilosophie.

Maschinen sind *komplexe* Verbindungen *konkreter* Objekte,
die so eingerichtet sind, dass mittels ihrer
feste, flüssige oder gasförmige *Stoffe sowie Informationen*
derart verändert werden können,
dass sie zu einem *gewollten Ergebnis* führen.

Abb. 1: Moderne Definition einer Maschine. Sie umfasst auch KI-Lösungen. Maschinen produzieren zuverlässiger und schneller als Menschen Objekte und Information.

Seine Definition für Maschine lautet wie folgt: *„Eine Maschine ist eine Verbindung widerstandsfähiger Körper welche so eingerichtet ist, dass mittelst ihrer mechanische Naturkräfte genöthigt werden können, unter bestimmten Bewegungen zu wirken."*[1] Reuleaux hat zwei Klassen von Maschinen unterschieden[2]: Maschinen zur Ortsänderung, ortändernde oder transportierende Maschinen und Maschinen zur Formänderung, formändernde oder transformierende Maschinen.

---

[1] Releaux, F. (1875): Theoretische Kinematik, S. 38
[2] Ebenda S. 480

Klar, dass sich diese Definition an dem damaligen Stand der Technik orientierte.

Vielleicht würde ein heutiger Reuleaux zu folgender Definition kommen: *Maschinen sind komplexe Verbindungen konkreter Objekte, die so eingerichtet sind, dass mit ihnen   feste, flüssige oder gasförmige Stoffe sowie Informationen derart verändert werden können, dass sie zu einem gewollten Ergebnis führen.* Komplex bedeutet nicht nur, dass viele Elemente vorhanden sind. Sonst wäre ein Sandhaufen mit Millionen von Sandkörnern ein komplexes Gebilde. Es bedeutet, dass diese Elemente auch miteinander interagieren, sich gegenseitig beeinflussen. In dieser aktuelleren Definition einer Maschine sind auch Computer oder Gebilde mit sogenannter künstlicher Intelligenz eingeschlossen. Damit wären wir bei meiner These, dass auch Gebilde mit sogenannter künstlicher Intelligenz nichts anderes sind als Maschinen, jedoch komplexer und undurchschaubarer als alles, was bisher an technischen Gebilden entstanden ist.

Mechanistisches Weltbild

Wo eine Uhr ist (Welt), muss es auch einen Uhrmacher geben (Gott). Die Welt als ein mechanisches Räderwerk. Der Mensch besteht aus Geist und Materie. Faszination mechanischer Objekte, die Menschen und Tiere nachahmen.

Das sogenannte mechanistische Weltbild, dessen Erbe uns heute immer noch geistig beschäftigt und teilweise irreleitet, ging von der Annahme aus, dass auch die Welt eine Weltmaschine ist, die nach den strengen Gesetzen der klassischen Mechanik funktioniert. Die mechanische Uhr mit ihren vielen ineinandergreifenden Zahnrädern und Federn war der Prototyp für diese Vorstellung. Auch Gott wurde verglichen mit einem Uhrmacher, der das Objekt, also die Welt, geschaffen und in Gang gesetzt hat. Einer der sogenannten Gottesweise folgerte, dass, wenn eine Uhr da sei, also die Welt, müsse es auch einen Uhrmacher, also Schöpfer bzw. Gott geben.

Ein herausragender Vertreter des mechanistischen Weltbildes war der Philosoph, Mathematiker und Naturwissenschaftler René Descartes (1596 – 1650). Seiner Vorstellung nach besteht der Mensch aus zwei Substanzen: Geist (res cogitans, denkende Sache) und Materie (res extensa, räumlich ausgedehnte Sache). Auch der Mensch wurde als eine Art Maschine betrachtet mit den Bestandteilen Knochen, Muskeln, Nerven, Adern, Blut und Haut. Nach der damaligen Ansicht Descartes tritt der Geist mit dem Körper über die Zirbeldrüse, ein Teil mitten im Gehirn, in Verbindung. Die produziert nach heutigem Kenntnisstand jedoch nur das Hormon Melatonin, mit dem der Tag-Nacht-Rhythmus gesteuert wird.

In der Folge, nach Descartes, wurden viele Versuche unternommen, menschliche Verhaltensweisen durch mechanische Gebilde nachzubilden. Der Ingenieur und Erfinder Jacques de Vaucanson (1709-1782) konstruierte und baute beispielsweise eine Ente aus über vierhundert beweglichen Einzelteilen. Die konnte flattern, schnattern, trinken, verdauen und das Verdaute auch ausscheiden. Zu seinen Erfindungen gehört auch ein mechanischer Flötenspieler mit einem Repertoire von zwölf Musikstücken. Vaucanson hat auch einen vollautomatischen Webstuhl erfunden, der mit Lochkarten gesteuert wird. Ein Pionierprodukt der späteren industriellen Mechanisierung.

Organisation und Maschinendenken

Menschen beim Pyramidenbau reduziert auf reine Arbeitskraft. Organisation und Koordination als Voraussetzung für arbeitsteilige Leistungen. Befehl und Gehorsam als Vorbild für Maschinen und Zwangsablauf. Rituale dienen der Einübung von Gehorsam.

Wie kommt es eigentlich zum Maschinendenken der Menschen, zur Entwicklung vom Faustkeil bis zum Computer? Können wir das allein aus den Artefakten folgern, die Archäologen aus Gräbern und Ruinen herausgebuddelt haben? Oder gibt es gesellschaftliche Entwicklungen, die mehr darüber aussagen?

Wir sprechen von einer Militärmaschine, wenn wir die Gesamtheit von Waffen und Soldaten meinen, die nach irgendwohin aus irgendwelchen

Gründen in Gang gesetzt werden. Wir reden vom Beamtenapparat, und meinen die staatlichen Institutionen, die den Auftrag haben, die beschlossenen Gesetze umzusetzen und für deren Einhaltung zu sorgen. Besonders beim Militär wird deutlich, dass dahinter ein Drill steckt, der sicherstellen soll, dass Befehle in kritischen Situationen rasch und ohne großes Nachdenken umgesetzt werden. Auch die Beamten werden auf Gesetze des jeweiligen Staates verpflichtet und haben innerhalb ihres Apparates zu funktionieren.

Wenn man an den Bau der Pyramiden im alten Ägypten denkt, vor etwa dreitausend Jahren, dann sieht man bewundernd auf die imposante Leistung, die tausende von Arbeitern in Jahrzenten Bauzeit vollbracht haben. Maschinen in unserem Sinne waren unbekannt. Es gab lediglich einfache Werkzeuge und Vorrichtungen, um die Steine zu behauen und an die richtige Position zu setzen. Solche Leistungen, wie der Pyramidenbau oder die Bewässerungsanlagen im Niltal sind nicht vorstellbar ohne *„eine verlässliche Organisation des Wissens und einer hoch entwickelten Struktur zur Einteilung, Vermittlung und Durchführung von Befehlen"*[3], wie der Soziologe und Historiker Lewis Mumford (1895-1990) meint. Die Arbeiter beim Pyramidenbau, aber auch Soldaten und Beamte wurden nicht als Individuen gesehen, mit ihren persönlichen Absichten, ihren Sorgen, Ängsten und Hoffnungen. Sie

---

[3] Mumford. L. (1977): Mythos Maschine, S. 230

waren und sind reduziert auf eine oder wenige Funktionen ihrer Möglichkeiten, wie z.B. Arbeit und Kampf. Damit werden sie gleichgesetzt mit den Komponenten einer Maschine, die auch nichts Individuelles hat und streng auf Ihre Funktion beschränkt ist. Möglich war das nur, weil eine übergeordnete Autorität oder Macht darüber bestimmen konnte.

Abb. 2: Pyramidenbau ist eine gesellschaftliche Leistung. Ohne zentrale Steuerung war das nicht möglich. Dazu gehört eine Autorität, die anerkannt wird. Der Mensch ist auf seine Funktion "Arbeit" reduziert.

Mumford sieht diese übergeordnete Autorität im damaligen Gottkönigtum. Nur dadurch sei es möglich gewesen, Menschen für Tätigkeiten zu verpflichten, die ihnen direkt persönlich wenig oder gar nichts brachten. In seinem Buch *„Mythos der Maschine"* nennt Mumford dies eine Mensch-Maschine. Der Einzelne wird lediglich als eine Komponente im Arbeits-

14

oder Kriegskollektiv betrachtet. Denn, so schreibt er: *„Ohne ehrfürchtigen Glauben und absoluten Gehorsam gegenüber dem königlichen Willen, der von Statthaltern, Generälen, Bürokratie und Aufsehern übermittelt wurde, wäre die [Mensch-]Maschine nie arbeitsfähig geworden."*[4] Mumford meint zudem, dass die Wichtigkeit von Werkzeugen und Maschinen überschätzt wird. Viel wichtiger seien Rituale, soziale Organisation, Moral und Sprache. Die hätten jedoch keine materiellen Spuren hinterlassen, *„während Steinwerkzeuge, die mindestens eine halbe Million Jahre alt sind, schon in Verbindung mit humanoiden Knochen gefunden wurden."* Etwas pointiert meint er: *„Die Bestattung des Leichnams sagt uns mehr über das Wesen des Menschen als das Werkzeug, mit dem das Grab geschaufelt wurde."*[5]

Mumford kommt, ebenso wie der Soziologe Max Weber (1864-1920), zu dem Schluss, dass in der religiösen Disziplin, in dem unhinterfragten Gehorsam gegenüber den religiösen Gesetzen sowie in den Gebets- und Gottesdienstritualen, die in großer Gleichförmigkeit ablaufen, ein wichtiger Grund für das maschinenhafte Denken und den wirtschaftlichen Erfolg zu suchen ist[6]. Es sei, so Mumford, *„sogar zu bezweifeln, dass die nicht-menschlichen Maschinen zu*

---

[4] Ebenda S. 222
[5] Ebenda S. 37-38
[6] Weber, Max (1904/05): Die protestantische Ethik und der Geist des Kapitalismus

solcher Perfektion gebracht worden wären, hätte der Maschinenbau nicht seine elementaren Erfahrungen mit formbaren menschlichen Bestandteilen gemacht."[7]

Die Gesamtheit der Organisationen und Institutionen, die den Menschen auf seine reine Funktionalität reduzieren, nennt Mumford Megamaschine. Die menschlichen Komponenten dieser Megamaschine sind jedoch unzuverlässig und technisch unvollkommen. Damit war sie verwundbar: Arbeit konnte verweigert, Menschen konnten krank und arbeitsunfähig werden. Aufstände und Revolutionen konnten sie zum Stillstand bringen. Erst mit den technischen Maschinen, die den menschlichen Faktor ersetzen, konnten diese Unwägbarkeiten weitgehend eliminiert werden.[8]

Mumford mahnt aber auch, dass diese Entwicklung hin zu einer immer mehr automatisierten Welt erhebliche Risiken in sich berge. Automation in dieser höchsten Form sei der Versuch, Kontrolle auszuüben, nicht nur über die technischen   Prozesse, sondern auch über Menschen. Sie würde den Menschen von einer aktiven Kraft in eine passive verwandeln und schalte ihn schließlich ganz aus.[9] Nur Ahnungslose könnten ein solches Ziel als den Gipfel menschlicher Entwicklung ansehen. Denn, so Mumford: *„Es wäre eine Endlösung der Menschheitsproble-*

---

[7] Mumford. L. (1977): Mythos Maschine, S. 240
[8] Ebenda, S. 265
[9] Ebenda, S. 551

me nur in dem Sinne, in dem Hitlers Vernichtungspro-
gramm die Endlösung des Judenproblems war."[10] Daraus folgert Mumford, das das Hauptproblem der
Technik eigentlich gar nicht die Technik sei, sondern:
*„Es handelt sich um das Problem, Menschen heranzu-
bilden, die ihr eigenes Wesen genügend verstehen, um
die Kräfte und Mechanismen, die sie erzeugt haben,
kontrollieren und nötigenfalls unterdrücken zu können."* Doch, so Mumford weiter: *„Kein automatisches
Warnsystem kann dieses Problem für uns lösen".*[11]

Sind Produkte vertrauenswürdig?

*Menschen schreiben leblosen Objekten menschliche
Eigenschaften und Absichten zu. Produktvertrauen ist
immer abgeleitetes Vertrauen. Vertrauen in Produkte
entsteht aus Vertrauen in Personen und Institutionen,
die diese Produkte herstellen.*

Die besondere Faszination, die von mechanischen
Gebilden wie Ente oder Flötenspieler im 18. Jahrhundert ausging, war deren Ähnlichkeit in Gestalt und
Verhalten mit lebenden Wesen. Psychologen nennen
dieses Phänomen Anthropomorphismus. Der Begriff
ist abgeleitet aus den griechischen Wörtern *anthropos*
(Mensch) und *morphē* (Form, Gestalt). Es bezeichnet
die Tendenz von uns Menschen, leblosen Objekten,

---

[10] Ebenda, S. 541
[11] Ebenda, S. 459

Tieren oder Naturgewalten, ja auch Gott oder Göttern menschliche Eigenschaften oder menschliches Verhalten zuzusprechen. Unternehmen beispielsweise können in diesem Sinne konservativ oder fortschrittlich, aggressiv oder moderat, ehrlich oder betrügerisch, sozial oder asozial, zuverlässig oder unzuverlässig, hilfreich oder schädlich sein. Auch Produkte unterliegen diesem Anthropomorphismus. Produkte können wie Personen sympathisch oder unsympathisch, schön oder hässlich, angenehm oder unangenehm, bezaubernd oder langweilig, angeberisch oder zurückhaltend, begehrenswert oder abstoßend empfunden werden. Das ist heute bei den sogenannten humanoiden, also menschenähnlichen Robotern nicht anders.

Was folgt daraus? Durch diesen Anthropomorphismus, dem Umstand, dass wir Produkte vermenschlichen, entsteht Vertrauenswürdigkeit auf gleiche Weise wie bei Personen. Wenn ein Produkt die versprochenen Funktionen nicht erfüllt, dem Nutzer vielleicht sogar schadet, die Werbung mehr verspricht als das Produkt halten kann und es künftig anders wirkt, als man in der Vergangenheit erfahren hat, dann verdient auch das Produkt oder die Produktmarke kein Vertrauen, ist nicht vertrauenswürdig. Wie werden Produkte vertrauenswürdig? Es sind die gleichen Kriterien wie bei der Vertrauenswürdigkeit von Personen. Erwartet werden von vertrauenswürdigen Personen Kompetenz, Gutwilligkeit, Integrität

18

und Berechenbarkeit. Wenn Vertrauen nicht erreicht wird oder es verloren geht, dann fehlt es mindestens an einem dieser vier Kriterien.

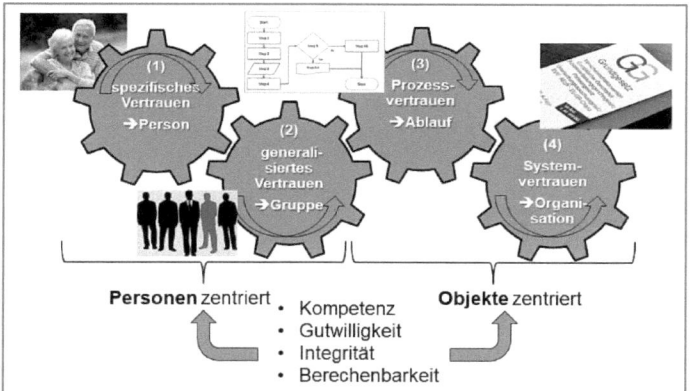

Abb. 3: Der Vertrauensnehmer braucht Kompetenz, Gutwilligkeit, Integrität und Berechenbarkeit. Ursprünglich ist das Vertrauen in Personen. Das hat sich ausgedehnt auf Gruppen, Prozesse, Organisationen. Produktvertrauen ist immer abgeleitetes Vertrauen.

Produkte haben jedoch aus sich selbst heraus diese Eigenschaften nicht. Sie werden ihnen von Menschen zugeschrieben – oder im Falle von Produkten mit sogenannter künstlicher Intelligenz in sie hinein programmiert. Das Produktvertrauen speist sich daher aus dem Vertrauen in die Menschen und Unternehmen, die diese Produkte herstellen oder deren Herstellung und Anwendung überwachen. Produktvertrauen ist daher immer abgeleitet aus dem Vertrauen in Personen, Prozesse oder Institutionen. Trotz aller

19

menschenähnlichen Eigenschaften auch von humanoiden Robotern mit sogenannter KI sind auch sie nur technische Objekte ohne Selbstbewusstsein. Sie simulieren lediglich menschliche Sprache und Verhalten ohne wirkliches eigenes Verständnis für das, sie da tun oder reden. Sie sind Objekte ohne ICH – auch wenn uns viele Science-Fiction-Filme etwas anders zeigen.

Was ist Lernen?

Lernen kann man nur am Erfolg erkennen. Kinder lernen zunächst automatisch. KI-Systeme müssen mit Bildern oder Daten trainiert werden. Neuronen im Gehirn sind die elementaren Bausteine für Lernen. Sowohl der Mensch als auch Software erstellen Modelle. Modelle sind nicht die Wirklichkeit.

Kleine Kinder lernen automatisch. Sie denken nicht darüber nach, was sie gerade tun. Sie lernen krabbeln, stehen, laufen, reden. Man ist immer wieder überrascht, wie selbstverständlich sie ihre Fähigkeiten verbessern. Eltern versuchen, ihren Kindern etwas beizubringen. Man nennt das dann Erziehung. In der Schule lernen Kinder lesen, schreiben, rechnen und manches mehr. Das nennt man schulische Ausbildung. Und im späteren Leben, privat sowie im Beruf, lernt man sehr viel durch die konkrete Erfahrung mit Objekten und Menschen.

Lernen selbst kann man nicht beobachten. Man erkennt den Lernerfolg nur daran, dass sich nach dem Lernvorgang Wissen oder Verhalten der betreffenden Person verändert haben. Dass Lernen hauptsächlich in unserem Gehirn passiert, gilt als sichere Erkenntnis. Die Frage für unser Thema ist daher, was passiert da eigentlich? Wie werden diese Erkenntnisse bei der KI, der Künstlichen Intelligenz, umgesetzt? Alles, was wir lernen wird auch durch unsere Vorerfahrungen mit beeinflusst. Das gilt nicht nur für Menschen, sondern auch für die meisten Anwendungen der KI.

Werfen wir zuerst einen kurzen Blick in unser Gehirn. In ihm laufen immer, mehr oder weniger intensiv, elektro-chemische Vorgänge ab. Für unsere Betrachtungen sind die Neuronen interessant. Das sind spezialisierte Nervenzellen. Es gibt etwa 85 bis 100 Milliarden davon. Sie sind über viele Kontaktstellen miteinander verbunden. Man schätzt, dass es etwa 100 Billionen solcher Verbindungen zwischen diesen Neuronen geben kann. Das ist mehr als es Galaxien im bekannten Universum gibt. Wenn wir beispielsweise sehen, riechen, hören, tasten, senden unsere Körpersensoren wie Augen, Ohren, Nase, Haut über die Nervenbahnen Signale an das Gehirn. Dort werden sie verarbeitet und führen zu einem Modell der Umwelt.

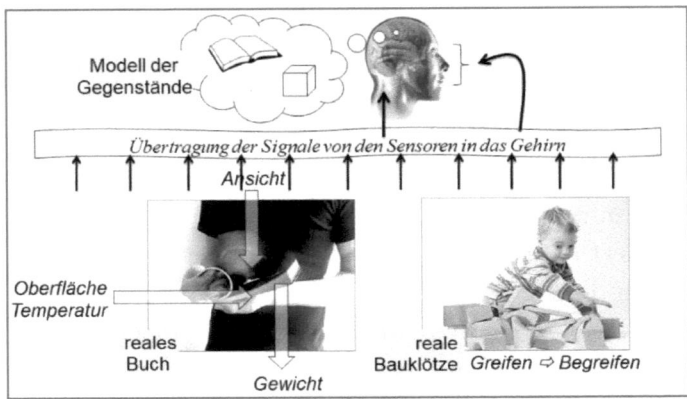

Abb. 4: Wir bilden aufgrund verschiedener sensorsicher Daten ein Modell eines Gegenstandes. Trotz unterschiedlicher Laufzeiten der Signale werden diese zu einem Gesamteindruck integriert. Dies geschieht unbewusst.

Ein Beispiel: Wenn wir ein Buch in der Hand halten, dann ertasten wir das Gewicht, die Oberfläche des Papiers, die Temperatur und wir riechen vielleicht auch noch die Druckerschwärze. Gleichzeitig sehen wir auch, was wir da in der Hand haben, nämlich Form und Farbe. Die Laufzeiten dieser verschiedenen Signale bis ins Gehirn sind zwar kurz, dennoch unterschiedlich lang. Trotzdem ist das Gehirn in der Lage, aus all diesen unterschiedlichen Eindrücken und unter Beachtung der Zeitverzögerungen im Kopf ein Modell zu erstellen, in unserem Fall das Modell eines Buches. Nur ein sehr geringer Teil unserer Eindrücke und der Prozesse im Gehirn werden uns bewusst. Und zumeist sind es nur die Ergebnisse, nicht der Prozess selbst. Wir würden sonst von der Unmenge von Daten erdrückt oder sogar verrückt werden. Die Neuronen entscheiden, was in unser Bewusstsein durchkommt und was nicht.

Wenn wir zum Beispiel etwas lernen, aus Erfahrung, durch Nachahmung, durch Wiederholung oder gezielte Anweisungen, werden bestimmte Gehirnareale aktiviert. Man erkennt das an der intensiveren Durchblutung dieser Gehirnbereiche. Je öfters man den gleichen Vorgang wiederholt, desto leichter wird man sich erinnern, desto länger bleibt das Gelernte im Gedächtnis. Es bilden sich so etwas wie immer tiefere Fahrrinnen, in denen sich das Denken bewegt. Entscheidend dafür sind die Verbindungsstellen zwischen den Neuronen, die sogenannten synaptischen Verbindungen. Diese Kontaktstellen, also die Synapsen zusammen mit dem Zellkern sind so etwas wie kleine biologische Rechenmaschinen. Sie entscheiden welche Signale angenommen, verstärkt, abgeschwächt, gewichtet und weitergeleitet werden.

Nach der Geburt gibt es noch wenige Verknüpfungen der Neuronen im Gehirn des Neugeborenen. Sie nehmen mit fortschreitendem Alter zu. Diese Steigerung geht jedoch nicht dauerhaft weiter. Synaptische Verbindungen, die nicht oft oder gar nicht mehr genutzt werden, bilden sich zurück. Doch auch im fortgeschrittenen Altern können sich durch sportliche Aktivitäten, neue Eindrücke und gezieltes Lernen immer noch neue Verknüpfungen zwischen den Neuronen bilden. Nun kann man das Gehirn auf Computern nicht genau nachbilden. Aber mit der Erkenntnis, dass Neuronen eigentlich kleine biologische Rechenmaschinen sind, versucht man, Funktionen der natürlichen neuronalen Netze mit technischen Mittel nachzubilden. Es entstehen so künstliche neuronale Netze. Yann LeCun (*1960), französischer Informatiker und Chefwissenschaftler für KI bei Facebook, meint jedoch: *„Uns fehlen grundsätzlich Prinzipien. Das liegt daran, dass Tiere und Menschen eine Weise des Lernens anwenden, die wir bisher nicht reproduzieren können."*[12] Doch was sind nun künstliche neuronale Netze? Wie funktionieren sie?

Was ist Intelligenz?

Es gibt keine eindeutige Definition von Intelligenz. Der IQ, Intelligenzquotient, misst nur einen Teil menschlicher Fähigkeiten und Intelligenz. Multiple Intelligenzen stehen für unterschiedliche Fähigkeiten. KI-Lösungen können nur Logik.

Bevor wir weiter über künstliche Intelligenz reden, müssen wir einen kleinen Ausflug machen, um zu klären, was natürliche Intelligenz ist. Ist ein Bauer auf der tibetanischen Hochebene weniger intelligent als ein Ingenieur bei Daimler? Kann man Intelligenz messen und wenn ja, wie? Intelligenz kann in der Alltags-

---

[12] LeCun, Yann: Interview F.A.Z. vom 6.11.2018, S. 19

sprache viele Bedeutungen annehmen wie: gescheit, klug, schlau, gewitzt, fähig, clever. Viele Missverständnisse entstehen dadurch, dass man Begriffe aus dem alltäglichen Leben mit all seinen Assoziationen ungeprüft in den wissenschaftlichen Bereich übernimmt. Die Verwirrung beim Begriff Intelligenz beginnt schon damit, dass die verschiedensten Intelligenz-Begriffe selbst durch wissenschaftliche Publikationen geistern. Da ist die Rede beispielsweise von verbaler Intelligenz, mathematischer Intelligenz, sozialer Intelligenz, emotionaler Intelligenz, praktischer Intelligenz, fluider und kristalliner Intelligenz.

Nehmen wir eine aktuelle Definition aus dem Internet-Lexikon WIKIPEDIA. Dort steht: *„Intelligenz ist in der Psychologie ein Sammelbegriff für die kognitive Leistungsfähigkeit des Menschen."* Kognitiv meint hier alle Denkleistungen wie beispielsweise Erkennen, Verarbeiten, Bewerten, Erinnern. Etwas umfassender ist eine Definition aus dem Jahre 1911 vom deutschen Psychologen William L. Stern (1871-1938), der den ersten Intelligenzquotienten begründet hat. Er schreibt: *„Intelligenz ist die Fähigkeit zur Anpassung an neuartige Bedingungen und die Fähigkeit zur Lösung neuartiger Probleme."* Man könne jedoch über Intelligenz nicht reden, ohne sie auch zu quantifizieren, zu messen, meint die Psychologin und Lernforscherin Elsbeth Stern (*1957). Sie hat daher eine sehr einfache praktische Definition: *„Intelligenz ist das, was man mit Hilfe von Intelligenztests misst".[13]*

Die Intelligenzmessung begann mit Schulkindern im Jahre 1905 durch den französischen Psychologen Alfred Binet (1857-1911). Er wollte feststellen, ob Schüler dem Leistungsdurchschnitt ihrer Klasse entsprechen. Der Begriff Intelligenzquotient (IQ) wurde von dem schon erwähnten William L. Stern eingeführt. Er dividierte das Testergebnis des Kindes, was als Intelligenzalter bezeichnet wurde, durch sein Lebensalter. Damit lästige Kommastellen entfallen, multiplizierte er den Wert mit dem Faktor 100. Der Nachteil dieser Berechnungsmethode ist, dass sich das Lebensalter schneller erhöht als das Intelligenzalter. Das Lebensalter steht im Nenner, also unter dem Bruchstrich. Damit würde mit fortschreitendem Alter der IQ immer kleiner. Obwohl diese Methode heute nicht mehr angewendet wird, blieb der Begriff IQ, also Intelligenzquotient erhalten.

Heute benutzt man statistische Methoden. Man ermittelt für eine Bevölkerungsgruppe, welche Aufgaben sie durchschnittlich lösen kann und setzt diesen Wert gleich 100. Als „normal" ist per Festlegung ein IQ zwischen 85 und 115. Wer darunter liegt, ist minderbegabt. Darüber liegen die Hochbegabten. Rund zwei Drittel der Menschen oder 68 Prozent liegen im Normalbereich. Die Verteilung der Intelligenz

---

[13] Quelle: www.welt.de, 27.7.2002, Artikel 402368

folgt einer sogenannten Glockenkurve, wie man sie aus der Statistik kennt. Eingeführt wurde diese statistische Methode von US-Psychologen Lewis Terman (1877-1956) im Jahr 1937.

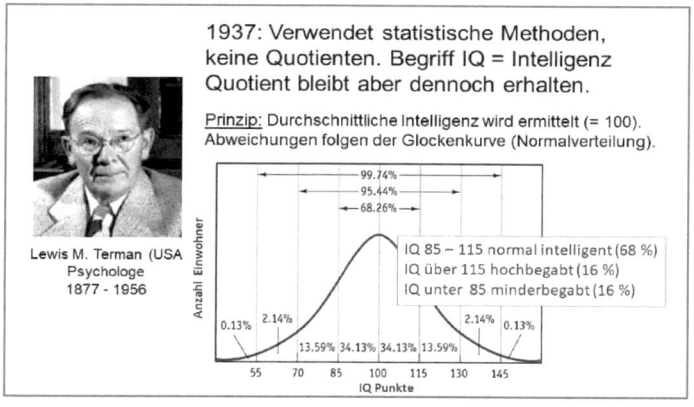

Abb. 5: Die IQ-Verteilung wird durch statische Erhebungen ermittelt. Der Durchschnitt wird mit 100 festgelegt. Die Verteilung des IQ einer Bevölkerung ist eine sogenannte Glockenkurve.

Sind junge Menschen intelligenter als ältere oder umgekehrt? Um darauf eine sinnvolle Antwort zu geben, unterscheidet man zwischen fluider und kristalliner Intelligenz. Vereinfacht gesprochen, versteht man unter fluider Intelligenz die grundlegende biologische Kapazität des Denkens. Sie ist der angeborene Teil der Intelligenz. Dazu gehört die Fähigkeit, sich an neue Situationen anzupassen, ohne dass man auf Vorerfahrungen zurückgreifen kann. Die fluide Intelligenz ist

27

genetisch bestimmt. Während kristalline Intelligenz all jene Fähigkeiten umfasst, die sich im Laufe der Zeit durch Lernen und Üben bei einer Person herausgebildet haben. Die kristalline Intelligenz, wird also durch Umwelt, Gesellschaft, Kultur bestimmt. Untersuchungen zeigen, dass sich die fluide Intelligenz bis etwa zum 25. Lebensjahr stetig steigert und dann abnimmt, während die kristalline Intelligenz ihren Höhepunkt um das 40. Lebensjahr hat und dann weitgehend erhalten bleibt. Innovationen, Fortschritt, neue Ideen kommen überwiegend von der fluiden Intelligenz, also von der Jugend.

Verschiedene Psychologen formulieren also verschiedene Definitionen und unterscheiden zusätzlich noch unterschiedliche Arten von Intelligenz. Der US-amerikanische Psychologe und Erziehungswissenschaftler Howard E. Gardner (*1943) war mit den bisherigen Definitionen von Intelligenz nicht zufrieden. Er entwickelte das Konzept der multiplen Intelligenzen. Nicht alle Begabungen sind bei Menschen gleich ausgeprägt. Wer z.B. sprachlich begabt ist, muss es nicht auch logisch, mathematisch sein. Wer musikalische Begabungen hat, braucht nicht das räumliche Vorstellungsvermögen eines Architekten. Wer als Sportler ein Bewegungstalent ist, der braucht vielleicht nicht unbedingt auch interpersonale, also soziale Kompetenzen. Jede dieser verschiedenen Intelligenzen hat Gardner mit Kriterien beschrieben.

Übersichtlicher wird es, wenn man nur drei Intelligenzbereiche unterscheidet: kognitive, sensomotorische und emotionale Intelligenz. Wie sieht es damit bei der KI aus? Große Fortschritte gibt es bei der Identifizierung von Objekten und Menschen. Computer können Objekte oder Lebewesen erkennen, in Kategorien einordnen, Zusammenhänge herstellen und sich an sie auch wieder erinnern. Das wäre der Bereich der kognitiven Intelligenz. Auch bei der sensomotorischen Intelligenz ist die Technik schon weit fortgeschritten. Das ist das Vermögen, Objekte zu erkennen und zu manipulieren, also sich z.B. auf Gegenstände zu oder von ihnen wegzubewegen, sie zu greifen oder loszulassen. Bei der sozialen oder emotionalen Intelligenz sieht es nicht so gut aus. Zwar ist es möglich, auf Computern menschliche Dialoge zu simulieren, anscheinend einfühlsam zu antworten und verblüffend echt auf Stimmungsschwankungen zu reagieren. Es sind jedoch Reaktionen ohne wirkliches Verständnis der dahinterstehenden Emotionen oder Gefühle.

Die KI beschränkt sich also auf nur wenige Bereiche, die das menschliche Zusammenleben ausmachen. Doch wir Menschen sind immer wieder bereit, künstlichen Objekten menschenähnliche Eigenschaften zuzuschreiben, obwohl sie nur in Spezialbereichen den Menschen übertreffen. Wenn jemand beispielsweise eine Autopanne hat, aussteigt, gegen den Reifen tritt und Flucht: „Diese scheiß Karre hat mich im Stich gelassen", dann wird dem Auto Absicht unterstellt. Es wird vermenschlicht. Niemand nimmt jedoch ernsthaft an, dass ein Auto einen eigenen Willen hat oder eigene Ziele erfolgt.

Funktionen im künstlichen neuronalen Netz

Künstliche Neuronen sind kleine Rechenmaschinen. Sie bilden bestimmte Eigenschaften natürlicher Neuronen nach. KI nutzt Netze von Neuronen, um verschiedene Verarbeitungsschritte effektiv durchzuführen. Die Verarbeitungsschritte sind nicht mehr nachvollziehbar.

Beim natürlichen neuronalen Netz sind die Dendriten die Kontaktstellen, über die ein Neuron über sogenannte synaptische Verbindungen Signale von anderen Neuronen erhält. Diese Signale werden verarbeitet. Das Ergebnis fließt dann über das Axon weiter. Von dort erhalten andere Neuronen ebenfalls über die synaptischen Verbindungen diese Information, verarbeiten sie und leiten sie wiederum an andere Neuronen weiter. Nicht alle Signale, die ankommen, werden auch weitergeleitet. Sie müssen einen bestimmten Schwellenwert überschreiten. Diese Funktionalität versucht man technisch nachzubilden. Auch hier gibt es Verbindungen zwischen den künstlichen Neuronen, welche die Signale von anderen empfangen, verarbeiten und das Ergebnis an andere Neuronen weiterleiten.

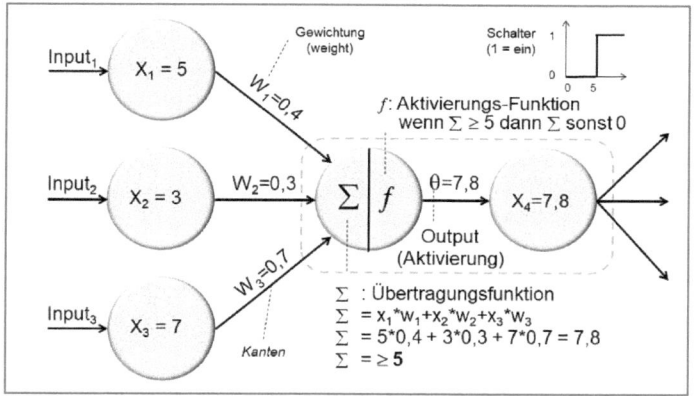

Abb. 6: Künstliche Neuronen sind kleine Rechenmaschinen. Eingaben (Input) werden von einem Neuron empfangen und verarbeitet. Wenn Schwellenwerte überschritten werden, wird die Information an andere Neuronen weitergegeben (Aktivierung).

Was geht nun in diesen künstlichen Neuronen vor (Abb. 6)? Nehmen wir an, aus der Umwelt erhält das neuronale Netz drei Signale oder Werte (x1, x2, x3). Das könnten Messdaten von einer Maschine sein. Diese Werte sind vielleicht nicht gleich bedeutsam. Sie werden gewichtet. Gewichten heißt, dass sie mit einem Zahlenwert, dem Gewicht (engl. weight) multipliziert werden. Im Beispiel wird der Eingabewert x1=5 mit dem Faktor w1= 0,4 multipliziert, was den Wert 2,0 ergibt. Ähnlich geht das bei den anderen Eingabewerten. Nur diese gewichteten Werte errei-

31

chen das nachfolgende Neuron. Dort addiert die sogenannte Übertragungsfunktion die so gewichteten
Werte. Im Beispiel ergibt das den Wert 7,8.

Nun könnte es sein, dass nur Werte aus der
Übertragungsfunktion, mit gleich oder größer dem
Wert 5,0 für die weitere Verarbeitung sinnvoll sind.
Das wird mit der Aktivierungsfunktion überprüft. Man
kann sich das so vorstellen, dass ab dem Wert 5,0 ein
Schalter umgelegt oder ein Ventil geöffnet wird, und
dann die Information durchfließt. Das Neuron im Beispiel hat den Wert 7,8 errechnet, also größer oder
gleich dem Schwellenwert 5,0. Der Wert 7,8 wird daher an andere Neuronen weitergeleitet. Wäre der
Wert kleiner als 5,0, würde nichts passieren.

Was eben am stark vereinfachten Beispiel eines einzelnen empfangenden Neurons erklärt worden
ist, passiert in einem künstlichen neuronalen Netz
sehr viele Male. Entsprechend den Verarbeitungs-
schritten unterteilt man das Netz in Layer, also Lagen.
Es gibt einen Layer für die Eingabe, einen oder mehrere für die Verarbeitung und einen für die Ausgabe.
Da man von außen betrachtet nur sieht, was eingege-
ben worden ist und was herauskommt, bleiben die
Layer für die Verarbeitung verborgen, es sind die sogenannten Hidden Layer (engl. to hide: verbergen,
verstecken).

Man kann die Anzahl möglicher Verbindungen zwischen zwei Layer berechnen, indem man die Anzahl
Knoten beider Layer miteinander multipliziert. Hat

beispielsweise Layer1 fünf Knoten und der folgende Layer2 sechs, dann gibt es 30 mögliche Verbindungen zwischen diesen beiden Layer. Für ein Netz führt man diese Berechnung für jeweils zwei aufeinander folgende Layer durch und addiert die Werte.

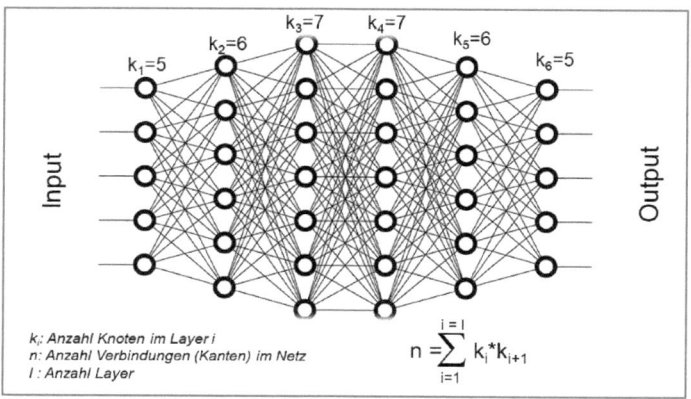

Abb. 7: Ein künstliches neuronales kann aus mehreren Lagen (Layer) bestehen. Informationen werden durch die Knoten geschickt und dort verarbeitet. Man kann die möglichen Verbindungen der Knoten berechnen. Was im Netz passiert, bleibt weitgehend verborgen.

Was folgt daraus für die Transparenz? Für Menschen sind die Vorgänge innerhalb solcher Netze nicht mehr einfach nachvollziehbar. Sie verändern sich laufend. Damit kann man auch eine Illusion begraben: Wenn solche Netze für die Realisierung von KI genutzt werden, also für Entscheidungen, die solche Netze vorschlagen oder für konkrete direkte Steuerungsaufgaben, dann bleiben dem Menschen, auch dem Spezialisten, die inneren Vorgänge zunächst verborgen. Es kann nur geprüft werden, ob Eingaben zu den gewünschten Ergebnissen führen. Das heißt, ob das künstliche neuronale Netz von außen betrachtet, richtig gelernt hat.

Wie lernt künstliche Intelligenz?

Tiere und Menschen lernen sehr viel durch den Erfolg ihrer Aktivitäten. Erfolg verstärkt das Verhalten, Misserfolg nicht. Nach ähnlichem Prinzip lerne KI. Ob etwas richtig gelernt wird, hängt sehr stark von den Trainingsdaten ab.

Der US-amerikanische Psychologe und Verhaltensforscher Burrhus Frederic Skinner (1904-1990) brachte Tiere dazu, ein gewünschtes Verhalten zu zeigen, in dem er es belohnte. Dafür prägte er die Bezeichnung „operante Konditionierung". Er war jedoch weniger interessiert daran, was im Inneren eines Lebewesens passiert. Das war für ihn eine Black-Box, eine nicht einsehbare dunkle Schachtel. Für Skinner war nur interessant, was aufgrund eines äußeren Reizes an Reaktion hervorgerufen werden konnte. Ein wissenschaftlicher Vorgänger von Skinner war der russische Mediziner und Physiologe Iwan Petrowitsch Pawlow (1849-1936). Er brachte Hunde dazu, dass sie Speichel nicht erst beim Fressvorgang absonderten, sondern schon vorher beim Läuten einer Glocke. Er läutete nämlich einige Male unmittelbar vor der Futtergabe eine Glocke. Dann läutet er nur noch die Glocke und der Speichel floss auch ohne Futtergabe. Glocke und erwartetes Futter sind in Gedächtnis des Hundes fest miteinander verknüpft worden.

Auch wir Menschen lernen sehr viel und erfolgreich dadurch, dass unser Verhalten zum gewünschten Ergebnis führt. Dazu muss man jedoch eine Messlatte haben, an der man Erfolg oder Misserfolg feststellen kann. Man muss wissen, was richtig und was falsch ist. Wenn ein Verhalten mehrfach erfolgreich war, entstehen stabile Verknüpfungen im neuronalen Netzwerk unseres Gehirns. Ähnlich läuft es auch ab, wenn künstliche neuronale Netze lernen.

Es gibt jedoch ein paar Unterschiede zwischen natürlichem und neuronalem Netzwerk. Wenn man beispielsweise einem kleinen Kind eine Katze oder verschiedene Katzen wenige Male zeigt, erkennt es sehr sicher andere Katzen, die es noch nie gesehen hat in verschiedenen Ansichten und in unterschiedlichen Umgebungen. Um einer KI, das mit neuronalen Netzen arbeitet, gleiches beizubringen, müssen zigtausende Katzenbilder in unterschiedlichen Umgebungen gezeigt werden, bevor eine neue Katze erkannt wird. Gleiches gilt für die Identifikation von Menschen. Denn mit jeder Identifikation muss dem künstlichen neuronalen Netz bei dieser Art des Lernens eine Rückmeldung gegeben werden, ob es richtig oder falsch klassifiziert hat. Mit jeder positiven Rückmeldung werden intern die entsprechenden Bewertungen verbessert. Jede negative Rückmeldung vermindert intern die Gewichtung für den betreffenden Identifikationsvorgang.

Wenn ein Bild als Person beispielsweise richtig erkannt worden ist, kann man diese Daten noch mit anderen gespeicherten Daten anreichern. Mit dem Gesicht, als Datensatz und anderen Daten z.B. aus verschiedenen Datenbanken oder aus dem Internet, entsteht ein sogenannter digitaler Zwilling, ein abstraktes Datenabbild der realen Person. Auch in der Produktion kann beispielsweise ein digitaler Zwilling entstehen aufgrund von Produktionsdaten der Maschine, die über Sensoren an einen Computer rückgemeldet werden. Lernen in künstlichen neuronalen Netzen erfolgt hier also durch Verstärkung von richtig definierten Zuordnungen. Aber wie im richtigen Leben kommt es darauf an, mit welchen Daten gelernt wird. Die gewünschte Funktionsfähigkeit hängt sehr stark von den Trainingsdaten ab. Training mit falschen oder bewusst irreführenden Daten führt zu falschen Ergebnissen. Erst mit modernen leistungsfähigen Computern wurde es möglich, riesige Datenmengen zu analysieren und als Trainingsdaten zu verwenden. Aus Big Data, als großen Datenmengen, werden so Smart Data, also clevere Daten.

Maschinelles Lernen

Klassische Programmierung beruht auf vorgedachten Entscheidungen. Maschinelles Lernen verbessert sich selbst. Beispiel für den Unterschied an einer Sortieranlage für Obst.

Was ist einer der wesentlichen Unterschiede zwischen der klassischen Programmierung von Softwarelösungen und den Lösungen durch Maschinelles Lernen? Lernen und maschinelles Lernen kann man wie folgt definieren: Unter Lernen versteht man einen *„Forschungsbereich der künstlichen Intelligenz (KI). Gegenstand ist die Entwicklung von Methoden, die es Softwaresystemen ermöglichen sollen, sich selbst automatisch zu ändern, sodass z.B. ihre Performance verbessert oder ihr Leistungsumfang vergrößert wird.“*[14] Das *„System lernt aus Beispielen und kann diese nach Beendigung der Lernphase verallgemeinern. Dazu bauen Algorithmen beim maschinellen Lernen ein statistisches Modell auf, das auf Trainingsdaten beruht. Das heißt, es werden nicht einfach die Beispiele auswendig gelernt, sondern Muster und Gesetzmäßigkeiten in den Lerndaten erkannt.“*[15] Ein Problem soll nach dem Lernen besser gelöst werden als vorher.

---

[14] https://wirtschaftslexikon.gabler.de/definition/learning-41143/version-264513
[15] https://de.wikipedia.org/wiki/Maschinelles_Lernen, Zugriff 31.8.2020

Ein Beispiel soll den Unterschied verdeutlichen. Nehmen wir an, ein Maschinenbauer soll eine Sortiereinrichtung entwickeln, mit denen durcheinander liegende Zitronen, Äpfel, Grapefruits und Wassermelonen erkannt und entsprechend sortiert werden sollen. Das Problem könnte mit einer klassischen Programmierung gelöst werden. Grundlage wäre z.B. ein sogenannter Entscheidungsbaum. Das ist die Darstellung von hintereinander zu fällenden Entscheidungen, bis das Ziel, in unserem Fall das Erkennen der richtigen Obstsorte, erreicht ist. Wie könnte solch ein Entscheidungsbaum aussehen?

Zuerst wird geprüft, ob die Frucht kugelähnliche Form hat. Wenn nein, dann wird gefragt, ob die Fruchtfarbe Gelb ist. Wenn ja, dann ist es eine Zitrone, wenn nein, dann etwas anderes, also Ausschuss. Wenn die Frucht kugelähnliche Form hat, wird geprüft, wie groß der Durchmesser ist. Wenn der kleiner ist als 65 mm, dann handelt es sich um einen Apfel, gleichgültig welche Farbe. Ist der Durchmesser größer als 65 mm, dann könnte es eine Grapefruit oder eine Wassermelone sein. Unterschieden werden diese beiden Fruchtsorten durch ihre Farbe. Ist sie grün, dann handelt es sich um eine Wassermelone, ist sie nicht grün, um eine Grapefruit. Vorher muss man natürlich messen, welche maximale Durchesser Äpfel haben und festlegen, welche Varianten der Farben Gelb und Grün man akzeptieren möchte. Gebraucht werden in der Anlage Sensoren, welche die Farbe erkennen und den Durchmesser messen können. Natürlich können Fehler entstehen, wenn beispielsweise eine neue Apfelsorte eine ähnliche Form hat wie eine Zitrone. Sie wird dann nicht als Apfel erkannt. Ist die neue Sorte zudem noch Gelb, dann wird dieser Apfel wahrscheinlich fälschlicherweise als Zitrone angesehen.

Eine Lösung mit KI funktioniert etwas anders, obwohl das Ergebnis genauso aussehen würde, wie vorher beschrieben. Das KI-Programm muss jedoch zuerst lernen, was eine Zitrone, ein Apfel, eine Grapefruit und eine Wassermelone sind. Dazu bekommt es hunderte, wenn nicht tausende Bilder der jeweiligen Obstsorte präsentiert, in verschiedenen Ansichten, mit diversen Farbvarianten. Das sind die Lern- oder Trainingsdaten. Anhand dieser Lerndaten ermittelt es selbständig, welche Kriterien in welcher Ausprägung vorkommen. Wenn die Ergebnisse mit den Lerndaten treffsicher sind, werden Testdaten präsentiert. Das Programm muss nun auch diese bisher nicht bekannten Bilder richtig klassifizieren. Ist das Ergebnis zufriedenstellend, dann kann das Programm eingesetzt werden. Kommt nun eine zitronenförmige Apfelsorte hinzu, also eine die nicht kugelförmig ist, lernt das Programm selbständig, auch diese Apfelsorte zu erkennen und richtig zu klassifizieren.

Natürlich muss auch dieses Lernen vorher programmiert werden. Das kann soweit vervollkommnet werden, dass dem maschinellen Lernen nicht einmal mehr Kriterien vorgegeben werden müssen. Es könnte dann selbständig einen Kriterienkatalog entwickeln, nach denen es entscheidet. Besonders wichtig sind die Lerndaten. Sehr viele entsprechend aufzubereiten, kann sehr zeitaufwändig sein.

Klassische Programmierung basiert also auf fest vorgegebenen internen Entscheidungsabläufen, fixen Algorithmen. Beim Maschinellen Lernen verändert sich das Programm selbst entsprechend den verwendeten Lernalgorithmen und aufgrund von Rückmeldungen, es lernt.

KI-Anwendungen

Die Anwendungsbereiche für KI-Lösungen sind vielfältig. Die Methoden werden eingesetzt in der Medizin, im Verkehr und beim Militär. Sie haben bereits den Alltag durchdrungen, ohne dass man das noch wahrnimmt. Man muss keine Details verstehen, sondern die richtige Anwendung.

Unsere Wahrnehmungen und Einstellungen werden geprägt von unseren Erfahrungen. Es müssen nicht unbedingt persönliche Erfahrungen sein. Filme, Nachrichten im Fernsehen, Presseberichte oder Bücher sind indirekte Erfahrungen, die ebenfalls unbewusst unsere Einstelllungen beeinflussen. Bilder, besondere bewegte Bilder wirken besonders stark. Sie sind so etwas wie Schnellschüsse ins Gehirn. Sie wirken, bevor der Verstand sich einschaltet. Auch das Thema KI ist nicht nur eine rein technische Angelegenheit von Computerexperten. Wer beispielweise die Filme der Serie Terminator gesehen hat, erfährt, wie eine kleine menschliche Rebellengruppe gegen die Übermacht von menschlich aussehenden Robotern kämpft. Obwohl man weiß, dass es nur Filme sind, beeinflussen sie unsere Meinung über die KI.

Würde man Roboter immer als Roboter erkennen, wäre das nicht so schlimm. Man könnte sich dann entsprechend darauf einstellen. Bedenken und Ängste entstehen, wenn sich hinter einem freundlichen Gesicht oder einem einfühlsamen Dialog eine Hard- und Software verbirgt, die uns vielleicht nicht freundlich gesinnt ist und eigene Ziele verfolgt. Obwohl sogenannte humanoide Roboter uns auf den ersten Blick mehr interessieren, sind sie gar nicht die wirklichen Repräsentanten von KI. Die echte KI verbirgt sich vor unseren Blicken. Sie sitzt in klimatisieren Rechenzentren auf deren Computer Programme laufen, die der normale Bürger nicht versteht. Aber man hat ja in der Regel auch nur eine ungefähre Vorstellung davon, wie ein Auto oder ein Fernseher funktioniert. Dennoch kann man mit ihnen umgehen, sie nutzen. Erforderlich ist lediglich Anwendungswissen.

KI bei Schach und Go

Am 11. Mai 1997 hat der damalige Schachweltmeister Garry Kasparov (*1963) ein viel beachtete Schachpartie verloren. Er hat in New York vom 3. bis 11. Mai nicht gegen einen Menschen, sondern gegen den IBM Computer mit dem Namen Deep Blue gespielt. Die Partie war eine Wiederholung einer Partie von einem Jahr zuvor. Damals hatte Kasparov noch mit 4:2 gewonnen. Er wollte in diesem zweiten Wettkampf die „Ehre der Menschheit" verteidigen. Daraus ist nichts geworden. Dieser Wettkampf zwischen Kasparov endete 2,5 zu 3,5 für Deep Blue. Er ging als Meilenstein in die Computergeschichte ein. Man hatte vorher nicht geglaubt, dass ein Computer einen Schachweltmeister schlagen kann.

Computer gegen Schachweltmeister
G. Kasparov (links) verliert gegen IBMs Deep Blue
3. – 11.5.1997

Computer gegen Go-Weltmeister
L. Sedol (rechts) verliert gegen GOOGLs AlphaGo
8.-15.3.2016

Computer mit KI-Software sind wie
hochbegabte autistische Psychopaten

Abb. 8: Computer mit spezieller Software sind hochspezialisierte Systeme. Sie schlagen Menschen bei Aufgaben, die mit Algorithmen (logischen Anweisungen) beschrieben werden können. Mit Methoden des maschinellen Lernens können sie sich selbst verbessern.

Am 15. März 2016, also fast 20 Jahre später, hat der weltbeste Go-Spieler Lee Sedol (*1983) im Seoul gegen das Programm AlphaGo verloren. Die Software ist von der Firma Google Deep Mind entwickelt worden. AlphaGo hat die Partie mit 4:1 gewonnen. Go hat zwar im Vergleich zu Schach einfache Spielregeln. Die Anzahl möglicher Spielzüge ist jedoch weit höher als bei Schach. Es ist eine 2 mit 17 Nullen! Gewonnen hat AlphaGo nicht, indem es alle möglichen Spielzüge im Voraus berechnet hat. Es hat sich das Spiel selbst beigebracht, indem es mit einer älteren Go-Version gegen sich selbst spielte und aus erfolgreichen Zügen gelernt hat. Es sind Methoden der KI eingesetzt worden. Die südkoreanische Go-Vereinigung hat AlphaGo mit der höchsten Auszeichnung, dem 9. Dan Professional verliehen mit der Begründung, AlphaGo sei mit seinem Spiel *„fast in göttliche Bereiche"* vorgestoßen. Auch hier hatte man vorher nicht geglaubt, dass ein Computer gegen den weltbesten Go-Spieler gewinnen kann.

Diese Spielerfolge von Computern haben die Fantasien vieler Menschen weitergetragen. Manche meinten, dies sei ein deutlicher Beweis, dass Computer intelligenter sein können als Menschen. Dabei wurde jedoch übersehen oder bewusst ignoriert, dass a) es sich bei aller Komplexität um Spiele handelt mit eindeutigen Spielregeln und b) mit einem eindeutigen Kriterium für das Spielende. Ein Schach oder Go spielender Mensch kann nach dem Spiel ein Bier trinken gehen, sich mit Freunden unterhalten, eine Zeitung lesen, Musik anhören, mit dem Auto nach Hause fahren oder einkaufen gehen. Das Schach- oder Go-Programm kann das nicht – selbst wenn das Programm in einem menschlich aussehenden, also humanoiden Roboter laufen würde. Es ist fixiert auf eine einzige Aufgabe, nämlich Schach oder Go zu spielen. Computer mit Ihrer spezialisierten KI-Software könnte man vergleichen mit hochbegabten autistischen Psychopathen[16]. Psychopathen fehlen Empathie, soziale Verantwortung und Gewissen. Autisten haben meist nur eingeschränkte Interessen und sie neigen zu stereotyp ablaufenden Verhaltensweisen.

KI im Verkehr

Wer hätte sich vor 30 Jahren gedacht, dass man im Auto seine Zieladresse in ein Mikrophon sprechen kann und man dann einen Vorschlag bekommt für die Fahrtroute mit voraussichtlicher Ankunftszeit? Dass man über aktuelle Staus informiert wird und Ausweichrouten auf einem Bildschirm sieht? Im Jahr 1994 hat BMW für die 7er-Serie erstmals ein Navigationssystem ab Werk angeboten. Und als 2000 das US-Militär die gewollte Ungenauigkeit ihres Ortungs-Systems für die zivile Nutzung aufgehoben hatte, war der Siegeszug dieses GPS-Gerätes, des Global Positioning Systems nicht mehr aufzuhalten. Heute findet man

---

[16] Kaplan, J. (2017): Künstliche Intelligenz, S. 125

das GPS-Navigationsgerät selbst in Kleinwagen, für das Motorrad und als mobiles Gerät für Wandertouren oder auf dem Smartphone. KI, künstliche Intelligenz, war für diese Anwendungen jedoch nicht nötig. Obwohl der Technik-Laie das vermuten könnte.

Heute geht es um andere Probleme, die gelöst werden müssten. Eine Frage ist: Wie vermeidet man Staus und vermindert dadurch den Schadstoffausstoß von Benzin- oder Dieselmotoren? Dazu ist es nötig den Verkehrsfluss zu steuern. Man braucht Karten, die für Computer aufbereitet sind, digitalisierte Karten. Viele Informationen aus der aktuellen Verkehrslage müssen erfasst, weitergeleitet und verarbeitet werden. Verschiedene Ampelsteuerungen und Spurfreigaben oder Spursperrungen müssen durchgerechnet werden. Dabei soll nicht nur die aktuelle Situation an einem bestimmten Ort berücksichtigt werden, sondern auch die voraussichtlichen Auswirkungen einige Kilometer weiter. Und das Wetter nicht zu vergessen. Auch das hat Wirkungen auf den Verkehrsfluss. Und aus den Erfahrungen konkreter Situationen soll schließlich künftig die Prognosefähigkeit verbessert werden. Programme, die in klassischer Weise programmiert sind, würden hier versagen. Es sind lernende Computerprogramme erforderlich, ein Gebiet der KI, der künstlichen Intelligenz.

In vielen Autos gibt es heute schon sogenannte Assistenz-Systeme. Es wird beispielsweise automatisch gebremst, wenn man zu dicht auf das vordere

Auto auffährt. Wer zu oft über den Mittelstreifen fährt, bekommt einen Hinweis, dass Pause angesagt wäre oder er wird durch leichtes Rütteln am Lenkrad darauf aufmerksam gemacht. Man kann langsam an einer Parklücke verbeifahren und dann das Auto selbst rückwärts einparken lassen. Heutzutage diskutiert man sehr ernsthaft über das sogenannte autonome Fahren, also das Fahren in einem Auto, das sich selbständig im Verkehr zum Zielort bewegt.

Die Herausforderungen sind gewaltig. Riesige Datenmengen aus den verschiedenen Sensoren müssen erfasst und sehr schnell verarbeitet werden. Es gibt Ultraschallsensoren, Rundumkameras, Frontkameras, Radar, Lasermessungen und natürlich genaue digitalisierte Straßenkarten. Es muss unterschieden werden, ob es sich bei einem Hindernis um einen Menschen, Tier oder Gegenstand handelt. Dazu kommen Daten aus dem Fahrbetrieb: aktuelle Geschwindigkeit, Motordrehzahl, Zustand der Bremsscheiben und des Luftdrucks der Reifen, Tankfüllung, Ölstand und vieles mehr. Und auch der Zustand des Fahrers ist wichtig: schläft er, liest er Zeitung, telefoniert er oder bearbeitet er sein Smartphone. Schon die digitale Auflösung eines Standbildes generiert Millionen von Datenpunkten. Die Auswertung von bewegten Bildern, also Videoaufnahmen, stellt eine noch viel größere Herausforderung dar. All das muss berücksichtigt werden, damit sich das Auto angemessen und natürlich möglichst unfallfrei im Verkehr bewegen kann.

Daraus entstehen vielfältige Probleme, nicht nur technischer Art. Wie kann man sich beispielsweise dagegen absichern, dass das Auto oder ganze Autotypen elektronisch gekidnappt, also gehackt werden? Bricht dann das Verkehrschaos aus? Wer ist dann dafür verantwortlich, dass so etwas nicht verhindert worden ist? Wer kommt für den entstanden Personen- und Sachschaden auf? Der Fahrer, der eingreifen könnte, der Autohersteller, der Programmierer oder ist das Auto selbst eine Rechtsperson, wie etwa eine Firma als GmbH oder AG?

Wenn die autonome Steuerung eines Autos selbst entscheidet, können Situationen entstehen, in denen es im wörtlichen Sinne um Leben und Tod geht. Fall (1): Nehmen wir an, eine Fußgängergruppe überquert eine Straße. Fährt das heranfahrende Auto geradeaus, tötet es fünf Personen. Würde es ausweichen, müsste nur eine Person sterben. Wie soll entschieden werden? Fall (2): Das autonom fahrende Auto stößt überraschend auf ein massives Hindernis und kann nicht mehr rechtzeitig bremsen. Fährt es weiter geradeaus, dann wird der Fahrer möglicherweise schwer verletzt werden oder sogar umkommen. Weicht es aus, dann überfährt es ein Kind. Wie soll hier entschieden werden?

Bei Umfragen zu solchen Gedankenexperimenten würden viele sich bei Fall (1) dafür entscheiden, den kleinstmöglichen Personenschaden zu wählen. Also lieber eine Person als fünf überfahren. Wenn es im Fall (2) um das Hindernis geht, dem ausgewichen werden könnte, dann meinen viele, das Kind sollte geschont werden. Auf die Frage, ob man sich selbst in solch ein Auto setzen würde, wenn man im Zweifel vielleicht selbst draufgeht, lehnten jedoch die meisten solch ein Auto ab.

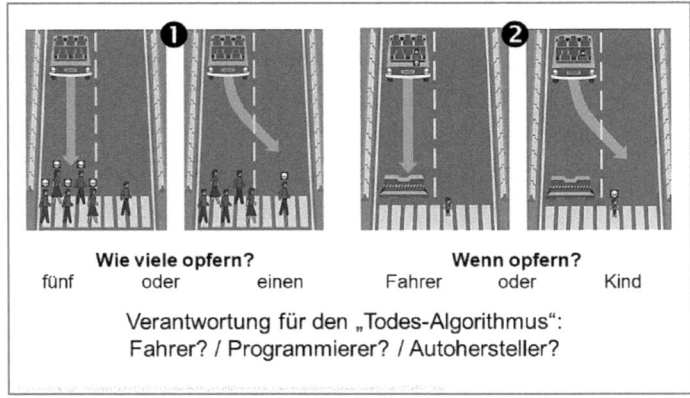

Wie viele opfern?

fünf   oder   einen

Wenn opfern?

Fahrer   oder   Kind

Verantwortung für den „Todes-Algorithmus":
Fahrer? / Programmierer? / Autohersteller?

Abb. 9: Beim autonomen Fahren treffen Computer Entscheidungen. Sie können abwägen zwischen Alternativen und das kleinste Übel wählen. Sie sind nicht für ihre Entscheidungen verantwortlich.

Um selbstfahrende Autos für die Umwelt fit zu machen, werden sehr viele Trainingsdaten benötigt. Die entsprechende Software muss aus solchen Daten lernen, genauso wie ein Fahrschüler lernen muss, im Verkehr auf verschiedene Situationen zu reagieren. Nach großer Euphorie noch vor ein paar Jahren sind selbst die Spezialisten inzwischen etwas ernüchtert.

Zu groß scheinen die Probleme, ein realistisches arbeitsfähiges Modell der Umwelt zu erstellen, mit dem ein Auto selbständig sicher fahren kann. Ganz zu schweigen von den rechtlichen und moralischen Problemen, die entstehen würden und nicht gelöst sind.

KI in der Medizin

In der Science-Fiction-Serie STAR TREK Raumschiff VOYAGER gibt es als Doktor für Notfälle ein Hologramm in menschlicher Gestalt. Er ist keine „Kohlenstoffeinheit", wie Menschen in solchen Serien häufig bezeichnet werden. Dieser Arzt besteht aus Energie, genauer aus sich überlagernden Lichtwellen, die ihm sein dreidimensionales Aussehen verleihen. Er hat Zugriff auf das bekannte medizinische Wissen seiner Zeit und kann mit fortschrittlicher Technik in wenigen Minuten Knochenbrüche, Verbrennungen, Migräne, Krebs und andere Leiden heilen. Man kann ihn abschalten, wenn man ihn nicht braucht und wieder einschalten, wenn er benötigt wird. Obwohl er zuerst nur für medizinische Notfälle programmiert worden ist, lernt dieser Doktor nach und nach immer mehr dazu. Er lernt auch soziales Verhalten und entwickelt ein Bewusstsein seiner eigenen Existenz, ein ICH. Mit heutigen Begriffen würde man ihn zur sogenannten starken künstlichen Intelligenz rechnen. Leider - oder zum Glück - spielt der Film im 4. Jahrtausend unserer Zeitrechnung.

Doch KI hat bereits Einzug in der Medizin gehalten. Besonders erfolgreich ist sie in der Diagnostik, also der Feststellung und näheren Bestimmung einer Krankheit. Angewandt wird die Diagnostik mittels KI bei sogenannten bildgebenden Verfahren wie: Computertomographie (CT), Magnetresonanztomographie (MRT), Elektrische Impetanz-Tomographie (EIT) aber auch bei der Bildauswertung bei Darm-, Magen- oder Blasenspiegelungen. Dort werden teilweise sehr viele Bilder erzeugt, die bisher ein Arzt oder ein Ärzteteam analysiert. Das menschliche Auge hat jedoch nur ein begrenztes Auflösungsvermögen sowohl für Größe als auch Farbunterschiede. Und wenn sehr viele Daten beachtet werden müssen, ist ein Arzt nicht in der Lage, alle gleichzeitig zu bewerten und in einen Zusammenhang zu bringen. Diagnosesysteme mit künstlicher Intelligenz müssen natürlich trainiert werden. Dazu sind sehr viele Bilder erforderlich, die vorher von Spezialisten mit den richtigen Diagnosemerkmalen gekennzeichnet worden sind. Der Fachbegriff dafür ist Labeling. Immer wenn die KI-Software eine richtige Diagnose gestellt hat, bekommt es eine positive Rückmeldung und merkt sich das. So lernt das KI-System, ähnlich wie ein Kind eine Sprache lernt und wird immer besser.

Einen kleinen Wehrmutstropfen gibt es: Ein KI-System, das darauf trainiert worden ist, Krankheiten der Lunge zu diagnostizieren, kann man nicht für die Diagnose möglicher Hirn- oder Blasentumore nutzen. Es muss für jeden Bereich separat trainiert werden. Einem Arzt, einem Diagnostiker ist das möglich. Doch auch er braucht jahrelange Erfahrung, bis er einigermaßen sichere Diagnosen stellen kann.

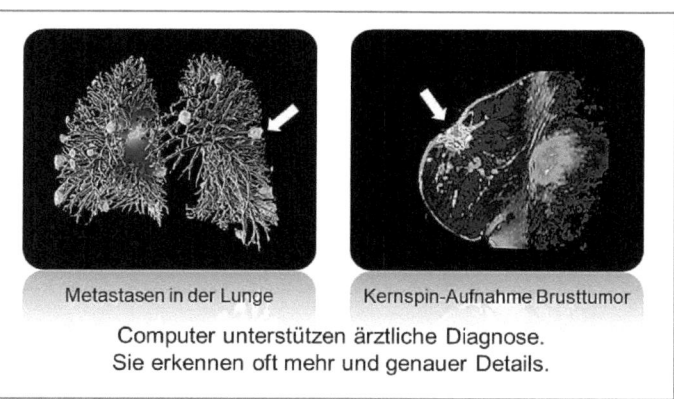

Metastasen in der Lunge   Kernspin-Aufnahme Brusttumor

Computer unterstützen ärztliche Diagnose.
Sie erkennen oft mehr und genauer Details.

Abb. 10: Bei der medizinischen Diagnose sind KI-Lösungen teilweise schneller und treffsicherer. Die Systeme müssen mit vielen tausend Bildern trainiert werden. Von den Trainingsdaten hängt die Qualität der späteren Diagnosen ab.

Es gibt auch bereits Überlegungen, dass man zusätzlich die gesamte Lebenshistorie eines Patienten verwenden könnte, um potenzielle Krankheiten vorherzusagen. Wer starker Raucher ist, wenig Sport treibt und zu viele Alkohol trinkt, hat ganz bestimmte Risiken, die man mit hoher Eintrittswahrscheinlichkeit vorhersagen kann. Um das zu erkennen, könnte man vielleicht künftig verpflichtet sein, ein Fitness-Band am Arm zu tragen oder man bekommt einen speziellen Chip unter die Haut implantiert. Damit werden

Risikofaktoren aber auch die sportlichen Aktivitäten erfasst und automatisch über das Datennetz an einen zentralen Computer übertragen. Die werden dann eventuell ergänzt um Informationen über Vorerkrankungen, Ergebnisse einer Genanalyse und Infos aus den sozialen Netzwerken.

Wer das Fitness-Band nicht trägt, wird vielleicht von der Krankenversicherung ausgeschlossen oder muss einen höheren Versicherungsbeitrag zahlen. Wie beim autonomen Fahren gibt es nicht nur technische Fragen, sondern auch ethische: Wer ist Eigentümer der Daten? Kann die Person selbst entscheiden, wer die Daten bekommt? Werden durch exzessive Datenerhebungen vielleicht ganze Personengruppen diskriminiert? Und was passiert, wenn das medizinische KI-System gehackt wird, Daten verfälscht oder ganz gelöscht werden?

Zukunftsmusik – oder Zukunfts-Horror – wäre die direkte Verbindung von Computertechnik mit menschlichen Organen, einschließlich Gehirn. Dann wäre dieses Mensch-Maschinen-Wesen offen für Verhaltenskontrolle und Manipulation durch Dritte. Wer Science-Fiction-Filme nicht nur als nette Unterhaltung sieht, sondern auch als mögliche Zukunftsmodelle von Gesellschaften, kann sehen, wohin das führt. In der Serie STAR TREK VIII begegnen Menschen den Borg. Sie sind eine Gesellschaft, die Menschen assimiliert und in Cyber-physische Wesen verwandelt. Borg sind zwar physisch und technisch dem einzelnen Menschen überlegen. Doch es sind Wesen ohne Individualität, für die nur das Kollektiv wichtig ist und die zentral gesteuert werden. Der Einzelne zählt nichts. Wer sich nicht assimilieren lässt, wird getötet. Die perfekte Diktatur mit fortschrittlicher Medizin und Künstlicher Intelligenz.

Viele Gendefekte sind medizinisch ein Fass ohne Boden. Oft sind die Ärzte so ratlos wie die Patienten. Am 8. Januar 2019 ist ein Artikel in Spiegel Online[17] erschienen mit der Überschrift: *„Künstliche Intelligenz erkennt seltene Erbkrankheiten am Gesicht.“* Ein Bespiel für solche eine genetische Anomalie ist das sogenannte Cornelia-de-Lange-Syndrom. Weltweit sind nur 45.000 Menschen davon betroffen. Diese Erbkrankheit ist oft auch Ursache geistiger Behinderung und körperlicher Missbildungen. Weil sie sehr selten vorkommt, werden oft falsche Diagnosen gestellt. Selbst Experten sind häufig überfordert. Eine Software mit dem Namen DeepGestalt führt hier zu einer treffgenaueren Diagnose. Eine möglicherweise jahrelange Irrfahrt zu verschiedenen Ärzten mit falschen Diagnosen und daraus folgenden falschen Therapien wird dadurch vermieden.

Erstellt wird solche eine Diagnose nur aufgrund einer Frontalaufnahme des Gesichtes, beson-

---

[17]

http://www.spiegel.de/gesundheit/diagnose/kuenstliche-intelligenz-erkennt-seltene-erbkrankheiten-a-1247042.html, 8.1.2018 ders bei Kindern. Der genetische Defekt im sogenannten Genotyp, also der Erbinformation, äußert sich in der äußeren Erscheinung, dem sogenannten Phänotyp, hier konkrete im Gesicht. Ein Forscherteam aus USA, Israel und Deutschland haben das KI-System soweit trainiert, dass es etwa 200 Erbkrankheiten erkennen kann. Dazu wird das Gesicht in 130 Datenpunkte aufgeteilt und mit 215 Syndromen, also Ausprägungen verglichen. Damit die KI-Software das vorher genannte Cornelia-de-Lange-Syndrom erkennt, wurden 614 Bilder von Betroffenen und 1.100 Bilder andere Menschen für das Training verwendet. Das Programm erreichte eine Zuverlässigkeit der Diagnose von 97 Prozent. Die Vergleichsgruppe mit Ärzten lag bei 75 Prozent.[18] Es sind jedoch Verdachts-Diagnosen, die danach gentechnisch im Labor sicherheitshalber untersucht werden.

KI-Systeme bei der medizinischen Diagnose sind nicht unfehlbar. Doch auch Ärzte sind es nicht. Es kommen immer wieder Fehldiagnosen vor. Das ist für die betroffenen Patienten teilweise fatal, weil darauf falsche Therapien aufbauen oder nötige Behandlungen unterlassen werden. Die Frage ist: Können Ärzte Krankheitsbilder besser erkennen als KI-Systeme? Zwischen August und September 2018 fand dazu ein

---

[18] https://vrodo.de/deepgestalt-ki-app-erkennt-seltene-erbkrankheiten-im-gesicht/

Test statt.[19] Es ging um die Erkennung von Hautkrebs. Aus über 1.500 Bildern wurden 30 zufällig ausgewählt. Die Fotos wurden 511 Hautärzten aus 63 Ländern zur Diagnose vorgelegt. Einige der Ärzte hatten über zehn Jahre Berufserfahrung. Die gleichen 30 Bilder wurden auch von 139 Software-Systemen analysiert, die mit Methoden der künstlichen Intelligenz arbeiten. Diese KI-Systeme wurden vorher mit 10.000 Bildern trainiert. Die Ärzte konnten durchschnittlich 19 richtige Diagnosen stellen, also 63 Prozent. Die KI-Systeme schafften 25, also 83 Prozent. Im Vergleich zu den Ärzten waren die KI-Diagnose-Systeme um 32 Prozent besser. Die Folgerung aus der Studie war, dass Diagnose-Systeme mit künstlicher Intelligenz verstärkt in Kliniken eingesetzt werden sollten. Eine Einschränkung machten die Autoren der Studie: Wenn Erscheinungsbilder von Hautkrebs außerhalb üblicher Merkmale lagen, konnten die KI-Systeme das nicht erkennen. Die Diagnosen der KI-Systeme sollten durch Ärzte überprüft werden.

KI-Anwendungen in der Medizin, wie auch in anderen Anwendungsbereichen, beschränken sich meist auf enge Anwendungsfelder wie beispielsweise die Diagnose bestimmter Krebsarten. Am 22.11.2017 konnte man jedoch im Internet folgende Überschrift

---

[19] https://www.thelancet.com/journals/lanonc/article/ PIIS1470-2045(19)30333-X/fulltext, Zugriff 31.8.2020

über einen Artikel lesen[20]: *„Chinesischer Roboter besteht weltweit erstmals Zulassungsprüfung für Mediziner".* Der chinesischen Firma iFLYTEK scheint es gelungen zu sein, einen Roboter zu entwickeln, der die chinesische medizinische Zulassungsprüfung abgelegt und bestanden hat. Sein Name ist Xiaoyi, was etwa „kleiner Doktor" bedeutet. Er hat sogar die Mindestpunktezahl überschritten, die für die Zulassung erforderlich war. Trainiert wurde die KI-Software des Roboters mit 400.000 medizinischen Texten, 53 medizinischen Fachbüchern und zwei Millionen medizinischen Aufzeichnungen. Xiaoyi, der „kleine Doktor", soll Ärzte bei der Diagnose unterstützen und sie dadurch effektiver machen, aber nicht ersetzen, beeilte sich der Chef von iFLYTEK zu versichern. Allerdings: Wenn die Diagnosen effektiver werden, braucht man für die gleiche Anzahl weniger Ärzte.

KI beim Militär

Krisen können umso besser und schneller bewältigt werden, wenn man sie schon in der Entstehung erkennt. Das gilt für Unternehmen und auch in der Politik. Für das Militär wäre es daher sehr hilfreich, wenn man frühzeitig konkrete Hinweise bekommen könnte,

---

[20] https://www.heise.de/tp/features/Chinesischer-Roboter-besteht-weltweit-erstmals-Zulassungspruefung-fuer-Mediziner-3894858.html, Zugriff 22.11.2017

wo es möglicherweise künftig Krisenherde geben könnte. Die Bundeswehr hat seit Dezember 2017 ein Projekt laufen unter dem englischen Arbeitstitel „Preview" (engl. Vorschau). Dazu werden Methoden der KI eingesetzt. Ausgewertet werden nicht nur öffentlich zugängliche Quellen wie Internet, Handelsdaten, Arbeitslosenquoten, Kriminalitätsraten, sondern auch Geheimdienstberichte. Insgesamt sind es 80 Datenbanken mit Millionen von Einzelinformationen, die ausgewertet werden. Ein Problem dabei ist, dass diese Einzelinformationen in sehr uneinheitlichen Formaten vorliegen. Die Ergebnisse sollen den Militäranalysten Zusammenhänge liefern, die ein einzelner Mensch nicht oder nur mit unverhältnismäßig hohem Aufwand erkennen kann. Mit diesen Erkenntnissen möchte man sich frühzeitig auf mögliche Einsätze vorbereiten oder im Vorfeld vielleicht auch die Eskalation einer Krise bis hin zum Krieg verhindern.[21]

Drohnen sind beim Militär ferngesteuerte Flugzeuge. Sie werden zur Aufklärung eingesetzt aber auch bewaffnet für den Kampfeinsatz. Aktuell werden sie noch meist aus einem Kommandostand heraus von einem Operator gesteuert. Er entscheidet, wann eine Rakete auf welches Ziel abgefeuert werden soll. Die US-Armee verfügt jedoch heute schon über Drohnen, die eigenständig ein Ziel erkennen und selbständig

---

[21] Brühl, Jannis (2018): Bundeswehr will Kriege mit künstlicher Intelligenz und geheimen Infos vorhersagen

über den Waffeneinsatz entscheiden. Und die russische Armee plant die Anschaffung weitgehend autonom agierender Roboterpanzer. Sowohl autonom agierende Kampfdrohnen als auch Panzer sind „Killerroboter". Solche Anwendungen nutzen Methoden der KI. Rüstungsunternehmen sprechen von einer „dritten Revolution der Kriegsführung" – nach Schießpulver und Nuklearwaffen.

Aktionsmodi:
In-the-loop--------> Mensch entscheidet über Ziel und Aktion.
On-the-loop-----> Maschine entscheidet über Ziel und Aktion.
Mensch überwacht und kann jederzeit eingreifen.
Out-of-the-loop-> Maschine entscheidet über Ziel und Aktion.
Keine Eingriffsmöglichkeit des Menschen mehr.

Abb. 11: Autonome Waffen gibt es bereits. Drohnen z.B. haben verschiedene Aktionsmodi. Riskant wird es, wenn Waffen nicht mehr von Menschen überwacht und wenn nötig unschädlich gemacht werden können.

Bei den autonomen Waffensystemen unterscheidet das Militär drei Aktionsmodi. In-the-loop: Hier entscheidet der Mensch über Ziel und Waffeneinsatz. Die Kontrolle bleibt vollständig beim Menschen. On-the-loop: Hier entscheidet die Maschine über Ziel und

Waffeneinsatz. Der Mensch überwacht und hat jederzeit die Möglichkeit einzugreifen. Out-of-the-loop: Hier entscheidet die Maschine über Ziel und Waffeneinsatz. Der Mensch hat keine Möglichkeit mehr einzugreifen.

Je weiter die Automatisierung der Kriegsführung voranschreitet, desto größer ist die Gefahr, dass Krisen automatisch eskalieren, weil kein Mensch mehr die selbständig agierenden Waffensysteme kontrollieren kann. Die Vereinten Nationen verhandelten daher mit 75 Staaten über die Regulierung autonomer und teilautonomer Waffensysteme. Die USA, China und Russland verhinderten eine verbindliche Vereinbarung.[22] Militärischer Wettbewerb und waffentechnische Überlegenheit gehen hier vor Ethik und Moral.

KI in der Industrie

Wenn man in den letzten Jahren die weltgrößte Industriemesse in Hannover besucht hat, dann klebte der Betriff „Industrie 4.0" fast an allen Ständen, die irgendetwas mit der Produktion zu tun haben. Und bei den größeren Anbietern von Automatisierungseinrichtungen konnte man auch den Begriff KI (Künstliche Intelligenz) lesen. Was verbirgt sich in diesem

---

[22] Liesegang, Daniel (2018): Künstliche Intelligenz: Wettlauf ohne Ethik

Umfeld dahinter? Industrie-Historiker unterscheiden aktuell vier Phasen der industriellen Entwicklung.

Mit Industrie 1.0 bezeichnet man den Beginn der industriellen Produktion. Kennzeichnend war der Einsatz von Geräten, die mechanisch oder mit Dampfmaschinen angetriebenen wurden. Der erste mechanische Webstuhl wurde 1784 betrieben.

Abb. 12: Henry Ford führte bei der Produktion des T-Modells 1914 das Fließband ein (Industrie 2.0). Die Anregung erhielt er aus den Schlachthöfen von Chicago. Dort wurde die Schlachtung und Zerlegung von Tieren nach dem Fließprinzip zuerst eingeführt.

Bei der Industrie 2.0 beginnt die Massenproduktion. Das Fließband wird für eine rationelle Produktion eingeführt und Elektrizität wird vermehrt eingesetzt, um die Produktionseinrichtungen zu betreiben. Begonnen hat es mit dem ersten „Fließband" in den Schlachthöfen von Chicinnati (USA) im Jahr 1879.

60

Bei Industrie 3.0 wird die Automatisierung weiter vorangetrieben. Die Produktionsmaschinen enthalten viele elektronische Komponenten. Computer werden eingesetzt mit speziellen Programmen in der Fertigungsorganisation und für die Steuerung einzelner Produktionseinrichtungen. Die erste SPS (speicherprogrammierbare Steuerung) wurde im Jahr 1969 verwendet.

In der Phase 4.0 können Produktionseinrichtungen direkt miteinander kommunizieren und Daten austauschen. Man spricht dann vom Internet der Dinge, dem Internet of Things oder abgekürzt: IoT. Roboter arbeiten direkt mit Menschen zusammen in sogenannten cyber-physischen Systemen. Aber nicht nur die Produktion ist betroffen, sondern auch z.B. Kundenservice und Vertrieb.

Eine der Voraussetzung für Industrie 4.0 ist, dass von Fertigungseinrichtungen ein sogenannter digitaler Zwilling existiert. Das ist ein Datenabbild, ein Modell der realen Maschine. Es umfasst nicht nur die äußeren Abmessungen, die physischen Dimensionen. Der digitale Zwilling enthält auch Informationen darüber, was die Maschine kann, welche Daten während der Produktion anfallen, was Normalzustände und Abweichungen von den Normalwerten sind. Mit diesem Modell kann man Bediener trainieren, ohne dass sie an die reale Maschine gehen. Der Kunde, der die Maschine gekauft hat und einsetzt, hat für diese Maschine eine direkte Verbindung mit dem Hersteller.

Der kann dann aus den übertragenen Daten ablesen, ob die Kundenmaschine noch reibungslos läuft, oder es Anzeichen für mögliche Fehler gibt. So ist zum Beispiel vorbeugende Wartung der Maschine möglich, und Qualitätsprobleme bei den hergestellten Teilen können rechtzeitig erkannt werden. Der Service-Techniker wiederum hat auf seinem Smartphone oder Tablet die Daten der konkreten Kundenmaschine mit allen für den Service erforderlichen Plänen. Außerdem gibt es vielleicht eine Datenbank, in der mögliche Fehler aufgeführt sind mit Lösungsvorschlägen, auf die der Service-Techniker zurückgreifen kann.

Heute schon entstehen in der Produktion massenhaft Daten. Die meisten landen auf einem Datenfriedhof und werden nie mehr ausgegraben. Diese Daten sind oft nicht oder nicht besonders gut strukturiert. Mit Industrie 4.0 entstehen noch mehr Daten. Um die aufzubereiten und auszuwerten werden Algorithmen der KI eingesetzt. Mit ihnen ist es möglich, aus vielen Daten Informationen zu generieren, aus denen Erkenntnisse aus der Vergangenheit gewonnen und für zukünftige Maßnahmen abgeleitet werden können. Oder kurz gesagt: KI macht aus vielen Daten smarte Daten.

KI in der Landwirtschaft

Eine erwachsene Kuh erzeugt täglich etwa 200 bis 250 Liter Treibhausgase. Davon sind etwa 60 Prozent

Kohlendioxid und 40 Prozent Methangas. *„Wenn eine erwachsene Kuh drei Jahre alt wird, hat sie - grob überschlagen - so viel Treibhausgas produziert, als wenn Sie mit einem Mittelklassewagen 90.000 Kilometer fahren"*, meint der Agrarwissenschaftler Henning Steinfeld (*1957) von der FAO, der Food and Agriculture Organisation der Vereinten Nationen.[23] Was hat nun eine Kuh mit ihrem Aufstoßen (Rülpsen) und Flatulieren (Furzen) mit KI zu tun?

In Biogasanlagen wird ein Teil des Verdauungsvorgangs mit technischen Mitteln nachvollzogen. Viele Parameter dieses Vorgangs müssen überwacht und geregelt werden wie etwa Temperatur, Bakterienzusammensetzung und pH-Wert[24]. Außerdem ist zu berücksichtigen, ob der Bauer seine Kühe anders füttert, sein Silo mit einer neuen Ernte füllt und ob das Wetter warm oder kalt ist. Die Firma Goffin Energy aus Köln verwendete Methoden der KI für Vorhersagen, wie sich Veränderungen der verschiedenen Parameter auf die Methangasausbeute auswirken werden. Das System gibt Hinweise, wie diese Veränderungen kompensiert werden können, damit der technische Verdauungsprozess nicht stoppt. Es lernt aus den Vergangenheitsdaten. Nach Angaben der Firma erhöht sich dadurch die Verfügbarkeit einer Anlage

---

[23] Würger, Takis: Das Rülpsen der Natur, Spiegel Online, 18.10.2010
[24] pH-Wert, Maß für den sauren oder basischen Charakter einer wässrigen Lösung

um zehn bis fünfzehn Prozent.[25] Das wäre ein ganz konkreter wirtschaftlicher Vorteil, den man in Euro ausdrücken kann. An solche praktischen Anwendungen der KI wie hier auf einem Bauernhof denkt man kaum, wenn über Risiken und Chancen Künstlicher Intelligenz informiert oder diskutiert wird.

KI im Alltag

Beim autonomen Fahren sind Situationen denkbar, bei denen es um Leben und Tod gehen kann. Im Alltag gibt es zum Glück jedoch nicht nur Entscheidungen über Leben und Tod. Dennoch schleicht sich KI unbemerkt ein. Wer beispielsweise einen Kredit möchte, wird vorher auf seine Kreditwürdigkeit geprüft. Während die SCHUFA Daten nutzt, die von den Banken gemeldet werden oder aus offiziellen Quellen stammen, verwendet die Firma KREDITECH auch Daten aus den sozialen Netzwerken wie Facebook und Twitter. Auf der Homepage der Firma kann man lesen, dass sie 20.000 Einzelinformationen und mehr für eine Kreditentscheidung verwendet. Dazu werden Techniken der KI, der Künstlichen Intelligenz, benutzt wie das maschinelle Lernen. Einer der Mitbegründer von KREDITECH gesteht offen ein, dass angesichts der Komplexität der Entscheidungsvorgänge man keinen

---

[25] Haidar, Leila: Mit Algorithmen zum Erfolg, F.A.Z. 9.5.2019, S. V4

eindeutigen Grund mehr nennen könne, nach dem eine Kreditentscheidung gefällt wird.

Der Diplom-Physiker und Wissenschaftsjournalist Ranga Yogeshwar (*1959) sieht das recht kritisch. Er schreibt: „*Wir werden Zeugen eines Konditionierungseffektes, der in vielen Bereichen unsers Lebens Wissen und Verständnis durch blindes Vertrauen in die Maschine oder in einen Algorithmus ersetzt. Vertrauen statt Verstehen.*"[26]

Wer Google, Facebook, eBay, Amazon oder generell das Internet nutzt, hinterlässt Datenspuren. Nun gibt es hunderte von Millionen Anwendern, die sich in diesem Medium tummeln. Die Datenberge scheinen unüberwindbar. Mit klassischen Methoden wie Recherchen mit Bleistift und Block oder einzelne Abfragen in verschiedenen Datenbanken kann für eine Person kaum ein sogenanntes Nutzerprofil erstellt werden. Mit Computer und Anwendungen der KI ist das kein Problem. Selbst der schwächste Fußabdruck kann mit weiteren schwachen Fußabdrücken, die wir im Internet hinterlassen, zu einer deutlichen Spur werden. In Sekundenschnelle ist es möglich, aus all den Datenstückchen einen digitalen Zwilling der einzelnen Person zu erstellen, auch wenn der natürlich nicht alle Aspekte der betreffenden Person abbilden kann. Es genügt jedoch, um am Bildschirm Emp-

---

[26] Yogeshwar, R. (2018): All diese undurchschaubaren Apparate, F.A.Z. 12.1.2018, S. 12

fehlungen aufpoppen zu lassen, die zu unserm Verhalten der Vergangenheit passen. Indem man das Verhalten einer Person mit denen anderer Personen vergleicht, wird es möglich, künftiges (Kauf-)Verhalten mit großer Treffsicherheit vorherzusagen. Aus Daten, die Nutzer meist freiwillig oder unwissentlich dem Netz überlassen, wird für die Firmen Geld.

Verändert haben sich im Alltag auch die Wege, wie wir zu Informationen und dadurch zu Meinungen kommen und Urteilen bilden. Vor Jahren stand in sogenannten Bildungshaushalten mindestens ein Lexikon im Bücherregal. Wer etwas auf sich hielt, der hatte das vielbändige Mayers-Konversationslexikon oder nach 1986, nachdem es nicht mehr aufgelegt wurde, die Brockhaus-Enzyklopädie. Heutzutage gibt es das Internet-Lexikon Wikipedia, in dem man nachlesen kann. Oder man „googelt" die Informationen. Michael Spehr, Redakteur bei der F.A.Z. im Resort Technik und Motor schreibt: *„Google-Knowing" [Google-Wissen] heißt im Amerikanischen das Halbwissen, bei dem Informationen nicht mehr geprüft, sondern Suchmaschinentreffer als wahr gelten. [...] Algorithmen der Suchmaschine ersetzen also Wahrheit."*[27] Durch unsere Anfragen z.B. in Google erhalten wir Informationshinweise und Werbung, die sich auf unser vorheriges Anfrageverhalten beziehen. Wenn wir nicht aufpas-

---

[27] Spehr, Michael (2017): Algorithmen fallen nicht vom Himmel, F.A.Z. 18.7.2018, S. T1

sen, bewegen wir uns mehr und mehr in einer Informationsblase, in der nur noch Informationen und Meinungen vorkommen, die unseren bisherigen Interessen, Meinungen und (Vor-)Urteilen entsprechen. Dadurch werden wir unbemerkt in unseren Ansichten und Verhalten manipuliert.

Abb. 13: China führte das "Social Scoring" ein. Bürger werden nach ihrem Verhalten bewertet. Sie erhalten Punkte (scores) oder es werden welche abgezogen. Mit vielen Scores hat man Vorteile z.B. beim Reisen oder der Jobsuche.

Alltag ist für viele Chinesen, dass sie mit vielen Kameras bei ihren täglichen Verrichtungen außerhalb ihrer Wohnung beobachtet werden. Alltag ist auch, dass ihr Verhalten vom Staat künftig laufend bewertet wird. Ein digitales Punktekonto soll schlechte von guten Bürgern unterscheiden. Was gut und was schlecht ist, entscheidet die kommunistische Partei. Ein guter

Bürger hat tausend Punkte und mehr. Wer beispielsweise für einen guten Zweck spendet, bekommt 30 Punkte. Wer betrunken Auto fährt, dem werden 600 Punkte abgezogen. Auch Bankdaten und Justizdaten fließen in die Bewertung ein. Der Punktestand hat Einfluss darauf, ob man eine Wohnung erhält, ein Flug- oder Bahnticket kaufen kann oder bei einer Firma angestellt wird. Und Eltern können sich den Punktestand ihrer künftigen Schwiegertochter oder ihres künftigen Schwiegersohns vorlegen lassen, um zu prüfen, ob die oder der Zukünftige auch ein solides Leben führt und vertrauenswürdig ist. Dieses soziale Bonitätssystem ist so etwas wie ein „Vertrauens-TÜV".

Und natürlich hat KI und deren Anwendung in der Wirtschaft Auswirkungen auf diejenigen Personen, deren Jobs durch KI ersetzt werden könnten. Prinzipiell sind alle Tätigkeiten durch KI-Lösungen ersetzbar, die sich wiederholen und in einem relativ stabilen Umfeld durchgeführt werden. Genannt werden Gebäudereiniger, Hilfsarbeiter, Maschinenbediener, Personalsachbearbeiter, Verkäufer, Bäcker. Berufe, bei denen es sehr auf zwischenmenschlichen Kontakt ankommt, auf soziale Intelligenz, sind weniger gefährdet wie Geschäftsführer, Psychologen und Psychoanalytiker, Geistliche oder Sozialarbeiter. Nun sind bei jeder größeren technischen Innovation Arbeitsplätze weggefallen und durch neue Berufsbilder ersetzt worden. Kurzfristig wird es wahrscheinlich be-

68

sonders ungelernte Kräfte treffen, die zudem nicht oder nicht mehr in der Lage sind, sich neu zu orientieren. Langfristig hat sich durch den technischen Fortschritt die Lebenssituation vieler Menschen verbessert.

Ethik, Maschinenethik und Moral

Die drei Robotergesetzt des Issac Asimov. Ethik und Moral für Maschinen ist sinnlos. Sie haben keine Verantwortung. Rechtliche Fragen beim KI-Einsatz sind noch ungeklärt. Gefahr nicht durch Maschinen, sondern wenn Menschen ihre Verantwortung abgeben.

Je komplexer Systeme mit Hilfe der KI werden, desto intransparenter werden für uns Menschen deren Entscheidungen. Doch wenn Entscheidungen zu konkreten Handlungen führen, taucht die Frage auf, ob diese auch moralisch vertretbar sind, also ethischen Anforderungen genügen. Besonders drei Fragen sind es: Können Maschinen moralische Entscheidungen treffen? Wenn ja, nach welchen Kriterien sollen sie das tun? Können Maschinen für ihre Entscheidungen und Handlungen verantwortlich sein? Zunächst ein kurzer Exkurs zu Ethik und Moral. Sie werden in der Alltagssprache oft gleichbedeutend verwendet, sind es aber nicht.

Für die Moral und das Verhalten eines Roboters werden oft die drei „Robotergesetze" angeführt, die der Science-Fiction-Autor Isaac Asimov (1919-1992) im Jahr 1942 in seiner Erzählung *„Runaround"* nennt. Sie lauten: *„1. Ein Roboter darf kein menschliches Wesen verletzen oder durch Untätigkeit gestatten, dass einem menschlichen Wesen Schaden zugefügt wird. 2. Ein Roboter muss den von einem Menschen gegebenen Befehlen gehorchen – es sei denn, ein solcher Befehl würde mit Regel eins kollidieren. 3. Ein Roboter muss seine Existenz beschützen, solange dieser Schutz nicht mit Regel eins oder zwei kollidiert".* Das klingt auf den ersten Blick sehr plausibel.

1. Ein Roboter darf *kein menschliches Wesen verletzen* oder durch Untätigkeit gestatten, dass einem menschlichen Wesen Schaden zugefügt wird.
2. Ein Roboter muss den ihm *von einem Menschen gegebenen Befehlen gehorchen* – es sei denn, ein solcher Befehl würde mit Regel eins kollidieren.
3. Ein Roboter muss *seine Existenz beschützen*, solange dieser Schutz nicht mit Regel ein oder zwei kollidiert.

Abb. 14: Der Science-Fiction-Autor Isaac Asimov hat "Robotergesetze" formuliert. Sie klingen gut, sind jedoch als praktische Anweisungen ungeeignet. Schon beim "Todesalgorithmus" beim autonomen Fahren würde Nr. 1 nicht anwendbar sein.

Doch was wäre in dem Fall, wenn ein autonom fahrendes Auto die Wahl hätte, den Fahrer zu verletzten oder einen Passanten? Und mit Robotergesetz 1. Dürften keine Waffen hergestellt und verwendet werden, die automatisch ein Ziel, auch ein menschliches, erfassen und darauf schießen. Die wirkliche Frage ist nicht, welche „Moral" man einem Roboter mitgeben, also einprogrammieren sollte, sondern welche Moral für die Anwendung durch die Menschen gilt oder gelten soll. Ein kurzer Blick auf Ethik und Moral klärt einiges.

Ethik ist ein Teilbereich der Philosophie. Sie befasst sich mit den Voraussetzungen und der Bewertung menschlichen Handelns, also mit der Moral. Für unser Thema sind zwei Bereich interessant. Da ist einmal die sogenannte deskriptive Ethik. Die beschreibt Verhalten, Sitten und Werte von Kulturen oder Gruppen. Dabei untersucht sie die biologischen, psychologischen und sozialen Grundlagen moralischer Werte. Deskriptive Ethik bewertet nicht, sondern legt dar, wie es ist und warum es möglicherweise so ist, wie es ist. Sie ist Vergangenheit orientiert. Typischer Vertreter der deskriptiven Ethik wären die Biologen und Verhaltensforscher Konrad Lorenz (1903-1989) oder Irenäus Eibl-Eibersfeldt (1928-2018).

Der andere Bereich ist die sogenannte normative Ethik. Wie der Name schon andeutet, wird hier versucht, Normen, also Prinzipien und Kriterien für moralisch richtiges Handeln vorzugeben. Wenn von Ethik die Rede ist, ist meist dieser Bereich gemeint. Sie ist Zukunft orientiert. Typischer Vertreter wäre der Philosoph Immanuel Kant (1724-1804). Ein Teilbereich dieser normativen Ethik ist die angewandte Ethik. Sie bemüht sich, für bestimmte Bereiche konkrete Handlungsempfehlungen zu formulieren und vorzugeben. Und ein Teilbereich der angewandten Ethik wiederum ist die Maschinenethik, ein relativ neues Forschungsgebiet an der Schnittstelle von Philosophie, Informatik und Robotik. Die Technikphilosophin Catrin Misselhorn (*1970) wäre aktuell eine repräsentative Vertreterin der Maschinenethik. Sie schreibt in Ihrem Buch „Grundfragen der Maschinenethik": *„Je intelligenter und autonomer Maschinen werden, desto größer ist die Wahrscheinlichkeit, dass sie in Situationen geraten, die ihnen moralische Entscheidungen abverlangen."*[28]

Damit kommen wir zur Moral. Moral beschreibt, wie Menschen tatsächlich handeln und welches Handeln in bestimmten Situationen von einer Gesellschaft oder Gruppe akzeptiert oder erwartet wird. Moralvorstelllungen haben einmal biologische Ursachen und sind darüber hinaus auch kulturell geprägt. Verhaltensforscher haben festgestellt, dass es beispielsweise so etwas wie ein universelles Gerechtigkeitsgefühl gibt, das in Kulturen übergreifend vorhanden ist. Dennoch gibt es verschiedene Moralen. *„Moralische Normen weisen die Besonderheit auf, dass sie nicht nur durch äußere Sanktionen [also: Belohnung*

---

[28] Misselhorn, Catrin (2018): Grundfragen der Maschinenethik, S. 7

und Strafe durch andere] gestützt sind, sondern dass der Verstoß gegen sie zu inneren Sanktionen wie Schuldgefühlen oder ein Verlust an Selbstachtung führt."[29] Moral und Recht decken sich nicht immer. Sie können sich zwar überlappen, das muss aber nicht zwangsläufig so sein. Moralisch wäre es beispielsweise geboten, einem Blinden über eine vielbefahrene Straße zu helfen. Wenn man es nicht tut, hat das keine rechtlichen Konsequenzen.

Eine der zentralen Fragen im Umfeld der KI ist: Können Maschinen für rechtliche oder moralische Fehlleistungen verantwortlich gemacht werden? Komplexe Maschinen mit KI können moralische Akteure werden. Sie treffen Entscheidungen mit moralischen oder rechtlichen Folgen. Was ihnen jedoch fehlt sind Willensfreiheit, Bewusstsein für die Konsequenzen der Entscheidungen und die Fähigkeit zur Selbstreflexion. Da diese Eigenschaften für die Zuordnung von Verantwortung wesentlich sind, können sie nicht für ihr Handeln verantwortlich gemacht werden.[30] Damit bleibt ungewiss, wer Verantwortung trägt: der Nutzer, der Programmierer oder das produzierende Unternehmen. Die Gefahr ist groß, dass eine Verantwortungs-Diffusion entsteht.

Schließlich können Lösungen mit KI als idealer Sündenbock dienen, um Verantwortung abzuwälzen.

[29] Ebenda, S. 50
[30] Ebenda, S. 13-14

Misselhorn, die Technik-Philosophin, gibt zu beden-ken: *„Wenn wir Maschinen benutzen oder mit ihnen interagieren, hat das einen Einfluss darauf, welche Ent-scheidungen wir treffen und wie wir vorgehen. [...] Im Bereich der Maschinenethik besteht beispielsweise die Gefahr, dass wir unsere Moralvorstellungen daran an-passen, was sich Programmieren lässt."*[31] Tim Cook (*1960), Chef des Technologie-Konzern Apple, drückt diese Befürchtung noch deutlich aus. In einem Inter-view mit der F.A.Z. sagt er: *„Ich sorge mich nicht um Maschinen, die denken wie Menschen. Ich sorge mich um Menschen, die denken wie Maschinen."*[32]

Was ist Leben?

Leben hat biologische Grundlagen. Kriterien für Leben sind: Abgeschlossenheit, Umweltorientierung, Energie-aufnahme, Reproduktionsfähigkeit und Wachstum. Das trifft auch auf Tiere und Pflanzen zu.

Menschen sind Lebewesen. Das wird niemand ernst-haft bezweifeln. Wenn KI-Systeme den Menschen er-setzten sollen, dann müssten sie zumindest ebenfalls so etwas wie Lebewesen sein. Sie wären wahrschein-lich keine „Kohlenstoffeinheiten. Ihr Körper wäre wahrscheinlich aus einem anderen Material gebaut, beispielsweise hauptsächlich aus Metall und Kunst-

---

[31] Ebenda, S. 126-127
[32] Cook, Tim (2018): Interview F.A.Z., 7.1.2018, S. 20

stoff oder vielleicht nur aus elektronischen Schalt-kreisen.

Die Frage ist, ob dann KI-Systeme Lebewesen wären. Und die Frage dahinter ist, was Leben ist? Leben ist eine Funktion, eine Organisationsform. Es ist nicht eine einzelne Funktion, sondern es sind ineinandergreifende Prozesse, die voneinander abhängig sind. Funktionen können nur in einem System verwirklicht sein. Der Mensch ist solch ein System, ein biologisches und auch ein sehr komplexes.

Was sind nun die Kennzeichen eines Systems, welche Eigenschaften muss es mindestens haben? Es sind: Abgeschlossenheit, Umweltorientierung und Energieaufnahme. Abgeschlossenheit bedeutet, dass eine Grenze zur Umwelt vorhanden sein muss. Bei Menschen und Tieren ist es die Haut, bei Zellen die Membran, bei Vereinen die Vereinszugehörigkeit, bei einer Maschine die äußeren Abmessungen. Diese Grenze kann durchlässig sein, ja sie muss es sogar. Das zweite Merkmal ist Umweltorientierung. Damit ist gemeint, dass man Informationen aus der Umwelt erkennen, aufnehmen, interpretieren, speichern und sich wieder an sie erinnern kann. Nur dadurch wird es möglich, auf veränderliche Umweltbedingungen zu reagieren. Das dritte Merkmal ist Energieaufnahme. Ein Tier muss fressen, ein Computer läuft nicht ohne Strom, ein Auto braucht Diesel, Benzin oder ebenfalls Strom, ein Verein Mitgliedsbeiträge und den Einsatz ihrer Mitglieder.

Mit diesen drei Kriterien: Abgeschlossenheit, Umweltorientierung und Energieaufnahme kann man alle Systeme beschreiben sowohl biologische, technische als auch soziale Systeme wie Firmen oder Gesellschaften. Roboter mit KI-Software sind also sicherlich nach diesen Kriterien Systeme.

				Mensch	KI-Maschine
Mensch	Leben	System	Abgeschlossenheit	Ja	Ja
			Umweltorientierung	Ja, Sinne	Ja, Sensoren
			Energieaufnahme	Ja, Nahrung	Ja, Elektrizität
			Reproduktion	Ja, Gene	Ja, Konstruktion
			Wachstum	Ja	Nein
			Bewusstsein	Ja	Nein

Abb. 15: Mensch und (KI-)Maschine erfüllen die Kriterien für ein System. Maschinen haben kein eigenständiges Wachstum und auch kein Bewusstsein. Es braucht daher keine "Maschinenethik". Einem Computer kann man ohne moralische Bedenken den Stecker ziehen.

Für Lebewesen kommen mindestens noch zwei weitere Eigenschaften hinzu: Reproduktionsfähigkeit und Wachstum. Reproduktionsfähigkeit ist die Fähigkeit, Nachkommen der gleichen Art zu zeugen – ob geschlechtlich oder ungeschlechtlich. Dazu muss das betreffende Lebewesen, Pflanze, Tier oder Mensch, ein Mindestalter oder mindestens das geschlechtsreife Alter erreichen. Mit Wachstum ist gemeint, dass

Lebewesen durch Zellteilung an Größe und Gewicht zunehmen können. Verbunden damit ist auch die Zunahme von Fähigkeiten, die in einem früheren Stadium noch nicht vorhanden sind.

Ein Mensch wäre demnach ein biologisches System, das durch die Hautoberfläche von der Umwelt getrennt ist, sich über seine Sinne also durch die Sensoren Augen, Ohren, Mund, Nase, Haut in und an der Umwelt orientiert, Energie durch Nahrung aufnimmt, sich reproduzieren kann und wächst. Aber so kann man auch eine Katze, einen Hund oder Affen beschreiben. Es fehlt also noch etwas, was den Menschen davon abgrenzt.

Für gläubige Christen wäre ein entscheidendes Kriterium, dass Menschen direkt von Gott geschaffen worden sind mit dem Auftrag (1. Mose 1.28): *„Seid fruchtbar und mehrt euch und füllt die Erde und macht sie euch untertan und herrscht über die Fische im Meer und über die Vögel unter dem Himmel und über alles Getier, das auf Erden kriecht"*. Für Nichtgläubige jedoch zählt dieses Kriterium nicht.

Bis heute hat der Mensch versucht, sich hauptsächlich durch seine Intelligenz, Logik, Rationalität von Tieren zu unterscheiden. Auch der Werkzeuggebrauch und die Sprache werden häufig noch angeführt. Doch Zoologen und Verhaltensforscher haben diese beiden Fähigkeiten auch bei Tieren nachweisen können. Diese Kriterien werden durch unsere technischen Artefakte, Hard- und Software, übertroffen.

Selbst ein einfacher Taschenrechner kann schneller und genauer rechnen, wie die meisten von uns. Und niemand regt sich noch darüber auf, dass ein Flugzeug fliegen, ein Auto schneller fahren als ein Mensch rennen und ein Fernseher Bilder empfangen kann. Was bliebe dann noch?

Was ist der Mensch?

Mensch nicht nur Überlebensmaschine für seine Gene. Verschiedene Blickrichtungen auf den Menschen, je nach wissenschaftlicher Disziplin. Mensch als Geschöpf Gottes gilt nur noch für gläubige Menschen. Motive und Absichten orientieren sich letztlich an Leben und Überleben.

Der Titelfrage lautet: Auslaufmodell Mensch? Bevor man diese Frage beantworten kann, oder es zumindest versucht, muss man sich fragen: Was ist eigentlich „der Mensch"? Man könnte sich nun in die vielfältigen Definitionen und Abhandlungen stürzen. Sicherlich wird ein Biologe diese Frage anders beantworten als ein Priester. Woher kommt das? Ein kurzer Ausflug in die Wissenschaftstheorie schafft erste Klarheit.

Ein Baum ist ein Baum, ein Tisch ist ein Tisch, ein Hund ist ein Hund und ein Mensch ist ein Mensch. Sie sind real da, unabhängig davon, ob sie jemand beachtet oder nicht. In der Wissenschaftstheorie werden sie Materialobjekte genannt. Sie existieren unabhängig vom Betrachter. Dinge, Lebewesen oder auch Naturphänomene kann man nun untersuchen. Nehmen wir den Menschen. Ein Biologe sieht in ihm ein Säugetier, dass sich evolutionär entwickelt hat. Der Genetiker stellt fest, dass der Mensch mit dem Schimpansen genetisch in 98,7 % übereinstimmt.

Der Genetiker und Evolutionsbiologe Richard Dawkins (*1941) meint sogar: *„Wir sind Überlebensmaschinen – Roboter, blind programmiert zur Erhaltung der selbstsüchtigen Moleküle, die Gene genannt werden."*[33] Das kann ein Pfarrer oder Priester natürlich so nicht stehen lassen. Für ihn sind die Menschen von Gott geschaffen, oder wie es in der Bibel steht (Moses 1.28)*: „Und Gott schuf den Menschen zu seinem Bilde, zu seinem Bilde schuf er ihn; und schuf sie als Mann und Frau."* Der Psychologe interessiert sich für das Verhalten und die Befindlichkeiten des einzelnen Menschen, seine individuelle Entwicklung, seine persönlichen Ziele, Ängste, Hoffnungen und Wertevorstellungen. Und der Soziologe ist mehr am Zusammenleben der Menschen interessiert, deren Beziehungen untereinander, wie sich Gruppen oder Gesellschaften verhalten, gegenseitig beeinflussen und welche Normen gelten.

So hat jede wissenschaftliche Disziplin zwar das gleiche Materialobjekt, hier den Menschen, aber verschiedene Blickrichtungen, den Menschen zu be-

---

[33]Dawkins, Richard (1978): Das egoistische Gen, S. VIII

schreiben. Und diese verschiedenen Zugänge mit den jeweils eigenen Untersuchungsmethoden nennt man in der Wissenschaftstheorie Formalobjekte. Sie sind nur vorhanden, wenn man sich mit dem sogenannten Materialobjekt auch beschäftigt, es beachtet, wissenschaftliche untersucht und beschreibt.

Ein wesentlicher Unterschied besteht zwischen Religion und den Erfahrungswissenschaften. Bei den Erfahrungswissenschaften wie Biologie, Physik, Biologie oder Soziologie ist auch ein Irrtum ein Erkenntnisfortschritt. Man weiß dann, dass etwas nicht so geht oder ist, wie man angenommen hat. Bei einer Religion führt ein Irrtum bei den Grundüberzeugungen möglicherweise zum Ende oder zumindest zu tiefgreifenden Identitätskrisen. Würden beispielsweise Christen zur Erkenntnis kommen, dass die Welt keine Schöpfung Gottes ist oder die Auferstehung Jesu nur ein liebgewonnener Mythos, dann würden grundlegende Glaubensüberzeugungen zusammenbrechen.

Maschinen denken nicht

Denken als ein Sinn wie Hören, Sehen, Riechen. „Mensch ein Tier, das keines sein will." Denken ist nicht nur Abfolge von logischen Operationen. Simulation des Denkens auf Computer ist nicht Denken selbst. Eine Landkarte ist auch nicht die Landschaft. Menschen geben ihren Handlungen Sinn. Computer dagegen sind „Unsinnsmaschinen".

Der ersten Sätze des Philosophen Markus Gabriel (*1980) in der Einleitung seines Buches „Der Sinn des Denkens" lautet: *„Der Mensch ist ein Tier, das keines sein will. Das liegt daran, dass er irgendwann damit angefangen hat, darüber nachzudenken, wer oder was er eigentlich ist."*[34] Diesen Wunsch, nicht ein Tier zu sein, nennt Gabriel einen *„universalen Kern des Menschseins"*.[35] Denken ist für ihn keine reine Abfolge logischer Operationen. Es ist ein Sinn wie Hören, Sehen, Riechen. Es ist eine Schnittstelle zur Wirklichkeit, die niemals ganz erfasst werden kann.

Es macht einen Unterschied, ob ein Mensch denkt oder eine Maschine so tut, als würde sie denken. Eine Landkarte ist auch nicht die wirkliche Landschaft, sondern eine Abstraktion. Ebenso sind KI-Algorithmen, die Denken simulieren nicht das Denken selbst. KI-Lösungen, so komplex sie auch sein mögen, sind immer nur Modelle von Ausschnitten der Wirklichkeit. Und Modelle müssen vereinfachen, sich auf wesentliche Eigenschaften der Wirklichkeit beschränken. Sonst könnten sie nicht verwendet werden, um beispielsweise Vorhersagen zu treffen. Niemals sind Modelle die Wirklichkeit selbst.

Der Mensch ist ein Lebewesen mit einer biologischen Entwicklungsgeschichte deren Grundlagen

---

[34] Gabriel, Markus (2020): Der Sinn des Denkens, S. 17
[35] Ebenda, S. 318

über Jahrmillionen entstanden sind. Hinzu kommt, dass er auch eine kulturelle Entwicklungsgeschichte hat. Mittels Erzählungen und Mythen versucht er ein Bild von sich selbst zu machen. Der Philosoph Albert Newen (*1964) hebt als Unterscheidung zu Robotern hervor: *„Das Besondere des Menschen im Vergleich zu Robotern besteht gerade nicht darin, bestimmte intelligente Mechanismen zur Verfügung zu haben; sondern wir spüren als biologische Systeme unsere Grundbedürfnisse (Hunger, Müdigkeit, etc.), erleben Gefühle der Freude, der Traurigkeit und Einfühlungsvermögen in die Situationen anderer."*[36] Digitale Systeme, also auch KI-Anwendungen, haben aus sich heraus auch kein Überlebensinteresse, sie sind durch und durch logisch, rational, ohne Emotionen. Ihre Aufgabe ist es, eine Aufgabe möglichst effektiv zu lösen. Sie erkennen keinen Sinn in dem, was sie ausführen, sie sind daher, wie Gabriel es ausdrückt, *„Unsinnsmaschinen"*.

Alle Funktionen eines Lebewesens sind dem Leben und dem Überleben dieses biologischen Systems oder dessen Nachkommen untergeordnet. Digitale Systeme kann man zwar im übertragenen Sinne so beschreiben, als ob sie lebendig wären. *„Zu glauben, dass sie es sind, ist aber ein Fall von Aberglauben."*[37]

[36] Newen, Albert (2018): Der perfekte Psychopath, F.A.Z. 23.8.2018, S. 11
[37] Gabriel, Markus (2020): Der Sinn des Denkens, S. 209

Denken als Sinn und damit Schnittstelle zur Umwelt und Denken als Vorgang unterscheidet sich von der Simulation des Denkens. Der Psychologe Dietrich Dörner (*1938) meint: *„Ich glaube nicht, dass es richtig ist, menschliches Denken als Ablauf vorgefertigter Programme zu beschreiben. [...] Die Behauptung also, menschliches Denken sei Produkt eines vorgefertigten Programmes, ist falsch, da sie ein wesentliches Merkmal des menschlichen Denkens nicht berücksichtigt, nämlich, dass es sich ad hoc selbst programmiert. Dies geschieht dadurch, dass es sich selbst zu seinem Objekt machen, dass es sich selbst bedenken kann."*[38]

Auch wenn KI-Systeme vielleicht künftig nicht mehr aus Chips bestehen sollten, sondern vielleicht biologische Basis haben, auch wenn sie alle Kriterien des Lebendigen erfüllen würden (was aktuell nicht realistisch zu sein scheint), würde ihnen das Denken und das Denken über das Denken, also die Reflexion fehlen. Vielleicht würde das KI-System auch ICH sagen oder schreiben können. Es wüsste dann wahrscheinlich nicht, was damit gemeint ist.

Natürlich kann man sich als Gedankenmodell vorstellen, dass KI-System irgendwann den Menschen in all seinen Fähigkeiten übertreffen, ein eigenes Überlebensinteresse und Selbstbewusstsein entwickeln. Dann wäre das erreicht, was man Singularität nennt, der Zeitpunkt, an dem die KI-Systeme soweit

---

[38] Dörner, Dietrich (2001): Bauplan für eine Seele, S. 499

fortgeschritten sind, dass sie sich ohne die Menschen automatisch gezielt weiterentwickeln. Dennoch wären sie immer noch keine Lebewesen, sondern Artefakte, Sachen, über die man ohne ethisch-moralische Bedenken den Stecker ziehen kann. Ungeklärt wäre dann jedoch, wie sich das auf die Gesellschaft oder konkrete Menschen auswirken würde.

Vier tiefe Kränkungen der Menschheit

Sigmund Freud stellte drei Kränkungen der Menschheit fest: kosmologische, biologische und psychologische. Sie haben das Selbstbild des Menschen erschüttert und verändert. Durch KI ist eine weitere Kränkung hinzugekommen, die intellektuelle. Computer mit ihrer Software überflügeln den Menschen, wenn es um Vorgänge geht, die logisch beschreibbar sind. Das Geburtsjahr des Begriffes KI ist 1956.

Sigmund Freud (1856 – 1939), Begründer der Psychoanalyse, veröffentliche im Jahr 1917 eine Arbeit mit dem Titel „Eine Schwierigkeit der Psychoanalyse". Darin erwähnt er drei große Einschnitte wissenschaftlicher Erkenntnisse, die seiner Ansicht nach Selbstverständnis und Weltbild der Menschen verändert haben. Er nennt sie „narzisstische Kränkungen".
Narzissmus ist eine Persönlichkeitsstörung und ein anerkanntes Krankheitsbild. Es handelt sich um Personen „*mit einer stark aufgeblähten, unrealistisch posi-*

tiven Selbsteinschätzung, mit Selbstzentriertheit, Berechtigungsdenken und mangelnde Rücksichtnahme auf andere Personen"[39]. Das Selbstbild der Person und die Beurteilung durch das soziale Umfeld stimmen nicht überein. Der Begriff stammt aus der griechischen Mythologie. Der Jüngling Narziss war in sein eigenes Spiegelbild verliebt, das er im Wasser erblickte. Er hat alle Bewerberinnen abgelehnt und wurde zur Strafe in eine Narzisse verwandelt.

Abb. 16: Sigmund Freud nennt drei Kränkungen der Menschheit: kosmologische (Kepler), biologische (Darwin) und psychologische (Freud selbst). Es kommt durch KI noch eine vierte hinzu, die intellektuelle Kränkung. Der Mensch muss ein Menschsein neu definieren.

Was sind nun diese drei Kränkungen, von denen Freud schreibt? Die erste Kränkung sei durch Niko-

---

[39] Wikipedia: Narzissmus, Zugriff 25.2.2020

laus Kopernikus (1473 – 1543) entstanden. Er hat bewiesen, dass sich die Sonne nicht um die Erde dreht, sondern umgekehrt, die Erde um die Sonne. Die Erde und damit der Mensch standen nicht mehr im Mittelpunkt der Welt, wie die Menschen das bisher gerne geglaubt haben. Das war die kosmologische Kränkung. Die zweite Kränkung sei durch Charles Darwin (1809 – 1882) entstanden. Er hat gezeigt, dass der Mensch das Ergebnis einer natürlichen Evolution ist und nicht durch einen einmaligen Schöpfungsakt entstanden war, wie es die Bibel lehrt. Das war die biologische Kränkung. Die dritte Kränkung hat sich Sigmund Freud selbst zugeschrieben. Er hat aufgezeigt, dass ein bedeutsamer Teil unserer Antriebe und unseres Handelns unbewusst geschehen, *„dass das Ich nicht Herr sei im eigenen Hause"*. Das war die psychologische Kränkung.

Der Philosoph Johannes Rohbeck (*1947) nennt eine vierte Kränkung. In ihr würden die Menschen erfahren, dass sie nicht mehr Herr ihrer eigenen Schöpfungen sind, sondern von den selbst geschaffenen Machwerken beherrscht werden.[40] Rohbeck nennt sie die technologische Kränkung. Man kann diese technologische Kränkung an dem Namen Alan Turing (1912 – 1954) festmachen. Er war Mathematiker und hat wichtige Grundlagen für die Informations-

---

[40] Rohbeck, Johannes (1993): Technologische Urteilskraft, S. 10

und Computertechnologie entwickelt. Turing meinte: *„Es scheint wahrscheinlich, dass, sobald die Methode des maschinellen Denkens einmal begonnen hat, es nicht lange dauern würde, unsere schwachen Kräfte zu überflügeln. Sie wären in der Lage, sich miteinander zu unterhalten, um ihren Verstand zu schärfen. Irgendwann müssten wir also damit rechnen, dass die Maschinen die Kontrolle übernehmen.“*[41]

Man könnte diese vierte narzisstische Kränkung auch intellektuelle Kränkung nennen mit der Überschrift: Künstliche Intelligenz, KI (Artificial Intelligence, AI). Dann würde man das Jahr 1956 als Schlüsseljahr nehmen. Es ist das Jahr, in dem in den USA, genauer in einem College im Staat New Hampshire, ein sechswöchiger Workshop stattfand. Zur finanziellen Förderung stellte der Informatiker und Autor John McCarthy (1927-2011) bei der Rockenfeller-Stiftung einen Antrag, in dem der Name künstliche Intelligenz erstmals auftauchte. Der Antrag lautete: *„Ein Vorschlag für die Dartmouth Sommer-Forschungsprojekt zur künstlichen Intelligenz*

---

[41] Alan Turing (1951): *„It seems probable that once the machine thinking method had started, it would not take long to outstrip our feeble powers. They would be able to converse with each other to sharpen their wits. At some stage therefore, we shoud have to expect the machines to take control.“*

Wir schlagen vor, dass im Sommer 1956 am Dartmouth College in Hanover, New Hampshire, eine zweimonatige Studie über künstliche Intelligenz mit 10 Personen durchgeführt wird. Die Studie soll auf der Grundlage der Vermutung durchgeführt werden, dass jeder Aspekt des Lernens oder jedes andere Merkmal der Intelligenz im Prinzip so genau beschrieben werden kann, dass eine Maschine zu ihrer Simulation gebaut werden kann. Es soll versucht werden, herauszufinden, wie Maschinen dazu gebracht werden können, Sprache zu benutzen, Abstraktionen und Konzepte zu bilden, verschiedene Probleme zu lösen, die heute dem Menschen vorbehalten sind, und sich selbst zu verbessern. Wir denken, dass bei einem oder mehreren dieser Probleme ein bedeutender Fortschritt erzielt werden kann, wenn eine sorgfältig ausgewählte Gruppe von Wissenschaftlern einen Sommer lang gemeinsam daran arbeitet"

Die Aussage, dass *„Merkmale der Intelligenz im Prinzip so genau beschrieben werden können, dass eine Maschine dies simulieren kann"* ist der Knackpunkt, an dem sich echte menschliche Intelligenz von Maschinenintelligenz unterscheidet. Denn was Intelligenz ist, wissen wir in der Alltagssprache ungefähr und intuitiv. Eine verbindliche wissenschaftliche Definition gibt es jedoch nicht. Und ohne die, bleibt der Betriff Intelligenz in einem Graubereich. Nur das, was logisch beschrieben werden kann, in strukturierten Anweisungen, also in Algorithmen darstellbar ist, kann auf einen Computer mittels Hard- oder Software übertragen werden.

Zusammenfassung

KI führt zu unrealistischen Erwartungen im negativen wie im positiven Sinne. Maschinendenken ist psychologische Grundlage der Technik. KI ist ein missverständlicher Begriff. Maschinelles Lernen wäre treffender. Praktischen Anwendungen findet man bereits unerkannt im Alltag. Missbrauch ist möglich. Gesetze hinken der technischen Entwicklung hinterher.

Die sogenannte künstliche Intelligenz, KI, weckt unrealistische Hoffnungen und übertriebene Befürchtungen. Sie reichen von utopischen Zukunftserwartungen, dem irdischen Paradies auf Erden, bis hin zur Entmündigung der Menschheit durch überlegene technische Intelligenz, die sich automatisch selbst verbessert. Das Maschinendenken hat seinen Ursprung in den organisierten Großprojekten der Vergangenheit wie dem Pyramidenbau und der Kriegsführung. Der Einzelne wurde darin als eine Komponente betrachtet, reduziert auf nur eine oder wenige Funktionen. Die menschliche Komponente ist aus dieser Sicht anfällig, unzuverlässig und unberechenbar. Technische Systeme sollen das verhindern.

Grundelemente der KI sind Computer und Algorithmen, also Verfahrensvorschriften, die mittels

Software realisiert werden. KI ist ein Teilgebiet der Computerwissenschaft, die ist ein Teilgebiet der Informatik. KI befasst sich mit der Erforschung der Mechanismen von intelligentem menschlichem Entscheiden und Verhalten. Dies geschieht durch den Einsatz spezieller lernender Software auf Computern.

Man unterscheidet schwache und starke KI. Die schwache KI löst konkrete fest umrissene Problemstellungen. Sie ist aktuell das vorherrschende Anwendungsgebiet. Starke KI wäre die Nachbildung von universellem menschlichem Verhalten mit der Möglichkeit, dass ein Bewusstsein ihrer selbst entsteht. Sie ist Zukunftsvision, die aktuell nicht realisierbar scheint.

Ein Teilbereich der KI ist maschinelles Lernen. Darunter versteht man die Erforschung und Anwendung von Verfahren, durch die Computersysteme befähigt werden sollen, selbstständig Wissen aufzunehmen und zu erweitern. Ein gegebenes Problem soll nach dem maschinellen Lernen besser gelöst werden können als vorher. Verwendet werden künstliche neuronale Netze. Das sind technische Nachbildungen der natürlichen neuronalen Netzwerke im Gehirn. Sie können aus mehreren Ebenen bestehen, den sogenannten Layer. Wenn mehrere Layer mit verschiedenen Funktionen nacheinander geschaltet sind, spricht man von Deep Learning.

Künstliche Intelligenz hat in vielen Bereichen zu beachtlichen Fortschritten geführt: Spiele wie

Schach oder Go beherrscht ein Computer mit KI-Software besser als eine natürliche Person. In der medizinischen Diagnostik ist die Trefferquote für eine richtige Diagnose teilweise besser als die von Ärzten. Bei der Spracherkennung und bei Dialogen mit KI-Systemen verschwimmen die Unterscheide zwischen menschlicher und künstlich erzeugter Kommunikation. Das Militär setze Kampfdrohnen ein, die den Feind erkennen und selbständig eliminieren können. Lernende Haushalts- und Pflegeroboter helfen im Alltag. In der Industrie spricht man von einer vierten industriellen Revolution durch die selbständige Kommunikation von Produktionseinrichtungen untereinander, dem Internet der Dinge. Und autonomes Fahren ist ohne Methoden der KI nicht realisierbar.

Die Anwendung von KI-Methoden ist nicht nur ein technisches Problem. Rechtliche, ethische und soziale Probleme müssen bewältigt werden. Fragen treten auf wie: Wer trägt die Verantwortung und haftet für Schäden, die durch autonome KI-Anwendungen hervorgerufen werden? Wie sollen Entscheidungs-Probleme gelöst werden, wenn zwischen mehreren Alternativen gewählt werden muss, die alle zu einem Schaden führen? Wie kann man verhindern, dass eine elitäre Gruppe die neuen Möglichkeiten nur zu ihrem eigenen Vorteil und zur Manipulation anderer nutzt? Ist es vielleicht sinnvoll, die Weiterentwicklung strenger zu kontrollieren, bevor die KI der menschlichen Kontrolle entgleitet?

Ausblick

Zukunft ist immer auch Spekulation. Computer mit KI-Lösungen werden die Menschheit nicht versklaven. Der Mensch selbst kann sich in Abhängigkeit begeben. Eine Cyberdiktatur kann nur entstehen, weil eine kleine Gruppe die technischen Möglichkeiten zur Beeinflussung und Manipulation nutzt. Die Ballade „Der Zauberlehrling" ist ein Beispiel, wie man die Kontrolle verliert.

Die Zukunft ist ungewiss. Es gibt immer wieder wissenschaftliche Erkenntnisse oder technische Innovationen, die unser Weltbild verändern. Prognosen sind oft nur eine Fortschreibung der bisherigen Entwicklungen. Daher ist es nicht mehr als plausible Spekulation oder persönliche Einschätzung, wenn es um Vorhersagen geht. Und die können von Person zu Person sehr unterschiedlich sein. Nach der Furcht vor einem weltweiten Atomkrieg sind es heute die Furcht davor, dass wir unsere eigenen Lebensgrundlagen zerstören durch Umweltverschmutzung, die nicht mehr rückgängig gemacht werden kann. Dazu kommen nun noch Befürchtungen, dass uns unsere technischen Artefakte, also Computer und KI-Lösungen entgleiten.

Es scheint nicht sehr wahrscheinlich, dass eine neue Spezies entsteht, die nicht auf biologischen Grundlagen basiert und das Ergebnis einer rein technischen Verbesserung sein würden. Technik-Freaks träumen und erwarten vielleicht einem Transhumanismus also einer Zeit, in der die Menschheit durch „Übermenschen" abgelöst wird. Technische Artefakte jedoch sind nicht in den natürlichen Kreislauf eingebunden. Sie sind nicht Lebendiges und werden höchstwahrscheinlich auch keinen eigenen Lebens- und Überlebenswillen besitzen.

Dennoch kann die Entwicklung der KI entgleiten. Nicht deshalb, weil sie uns in allen Fähigkeiten überflügelt. Sondern weil wir an sie Verantwortung abgeben und sie als idealen Sündenbock nutzen könnten, weil deren Entscheidungen angeblich alternativlos seien. Der schon erwähnte Philosoph Markus Gabriel meint: *„Wir werden niemals von unseren Computern unterworfen, sondern wir unterwerfen uns ihnen selbst. [...] Eine Zivilisation, die sich selbst ihren Artefakten ausliefert und die philosophische und ethische Grundlagenreflexion an den Rand drängt, (...) wird sich früher oder später in eine geistlose Cyberdiktatur verwandeln."*[42] Mit Blick darauf, dass trotz allem dennoch KI-Intelligenz uns irgendwann generell überlegen sein könnte (auch wenn das für viele KI-Experten nicht sehr wahrscheinlich scheint), meint der Humangenetiker und Medizinethiker Wolfram Henn (*1961): *„Wir sollten uns tunlichst darum bemühen, unseren elektronischen Assistenten nicht die Autonomie anzuerziehen, über ihr eigenes Schicksal und dann das unsere zu be-*

---

[42] Gabriel, Markus (2018): Schlauer als der Mensch, F.A.S., 10.5.2018, S. 21

stimmen. [...] Vor allem und ganz konkret sollten wir davon absehen, mittels unkontrollierbarer selbstlernender Systeme die Entwicklung sozusagen auf Autopiloten zu stellen und den Steuerknüppel wegzuwerfen."[43]

Briefmarken der Staatl. Postgesellschaft der Mongolei, 1983

Abb. 17: Briefmarken zur Ballade "Der Zauberlehrling" von J. W. Goethe. Die Ballade ist ein Beispiel, wie Funktionen bzw. Artefakte entgleiten können. Es genügt nicht, etwas zu veranlassen, das selbständig funktioniert. Man muss auch wissen, wie man es wieder stoppen kann, bevor es Schaden anrichtet.

Vielleicht sollte jeder Wissenschaftler, jeder Entwickler, Programmierer oder wer immer sich mit KI-Technik oder -Anwendung befasst, die Ballade *„Der Zauberlehrling"* von J. W. Goethe (1749-1832) lesen und verinnerlichen: Nachdem der Zaubermeister weggegangen ist, nutzt der Lehrling die Gelegenheit, dem Zauberbesen auch einen Befehl zu erteilen. Der

---

[43] Henn, Wolfram (2018): Wehe, die Computer sagen einmal „ich", F.A.Z., 26.6.2018, S. 15

soll Wasser vom Fluss zu holen und einen Behälter damit füllen. Nur kennt der Lehrling den Befehl nicht, durch den der Besen wieder aufhören muss. Der macht immer weiter und überschwemmt das ganze Haus. Zum Glück kommt der Meister wieder. Er kann den Besen mit einem Zauberspruch wieder stilllegen. Doch wer wäre bei der KI der Zaubermeister, der eine aus dem Ruder gelaufene KI wieder zurückpfeifen könnte?

Verzeichnis der Abbildungen

Literaturhinweise

Asimov, Isaac (1997): Meine Freunde die Roboter. München: Heyne.

Autorenteam (2017): Entscheidungsunterstützung mit Künstlicher Intelligenz. Wirtschaftliche Bedeutung, gesellschaftliche Herausforderung, menschliche Verantwortung. Unter Mitarbeit von Matthias Weber und Aljoscha Burchard. Bitkom e.V.; DFKI (Nr. 45). Online verfügbar unter https://www.zeit.de/2018/45/kuenstliche-intelligenz, zuletzt geprüft am 31.10.2018.

Autorenteam (2017): Trends für die Künstliche Intelligenz. Frauenhofer-Gesellschaft e.V. München. Online verfügbar unter https://www.fraunhofer.de/content/dam/zv/de/publikationen/broschueren/Trends-fuer-die-kuenstliche-Intelligenz.pdf, zuletzt geprüft am 28.12.2018.

Autorenteam (2017): Zukunftsmarkt Künstliche Intelligenz. Potentiale und Anwendungen. Hg. v. Frauenhofer-Allianz Big Data. Leipzig/St. Augustin. Online verfügbar unter https://www.iais.fraunhofer.de/content/dam/bigdata/de/documents/Publikationen/KI-Potenzialanalyse_2017.pdf.

Autorenteam (2018): Maschinelles Lernen. Eine Analyse zu Kompetenzen, Forschung und Anwendung. Hg. v. Frauenenhofer-Gesellschaft e.V. München. Online verfügbar unter https://www.bigdata.fraunhofer.de/content/dam/bigdata/de/documents/Publikationen/Fraunhofer_Studie_ML_2018 09.pdf.

Beck, Hanno (2019): Auch Maschinen haben Vorurteile. In: F.A.S. 2019, 10.03.2019, S. 18.

Bendel, Oliver (2018): Überlegungen zur Disziplin der Maschinenethik. In: Aus Politik und Zeitgeschichte (6-8/2018), S. 34–38.

Brühl, Jannis (2018): Bundeswehr will Kriege mit künstlicher Intelligenz und geheimen Infos vorhersagen. Hg. v. Süddeutsche Zeitung. Online verfügbar unter https://www.sueddeutsche.de/digital/verteidigung-bundeswehr-will-kriege-mit-kuenstlicher-intelligenz-und-geheimen-infos-vorhersagen-1.4064931, zuletzt geprüft am 10.01.2019.

Budras, Corinn (2019): Unberechenbare Roboter. Die KI hat einen Haken: Keiner versteht, was sie tut. In: F.A.S. 2019, 14.04.2019, S. 20.

Buschbacher, Florian; Weber, Matthias (Hrsg) (2017): Entscheidungsunterstützung mit Künstlicher Intelligenz. Wirtschaftliche Bedeutung, gesellschftliche Herausforderung, menschliche Verantwortung. Berlin.

Damasio, Antonio R. (2010): Descartes´ Irrtum. Fühlen, Denken und das menschliche Gehirn. 6. Aufl. Berlin: Ullstein.

Damasio, Antonio R. (2011): Selbst ist der Mensch. Körper, Geist und die Entstehung des menschlichen Bewusstseins. 1. Aufl. München: Siedler.

Dawkins, Richard (1978): Das egoistische Gen. 1. Aufl. Berlin Heidelberg New York: Springer-Verlag.

Dettling, Daniel; Horx, Matthias (2018): Ende der Monotonie. Künstliche Intelligenz. In: Zeit Online 2018, 31.10.2018. Online verfügbar unter https://www.zeit.de/2018/45/kuenstliche-intelligenz-arbeitswelt-technische-entwicklung-jobs-chancen, zuletzt geprüft am 11.11.2018.

Dörner, Dietrich (2001): Bauplan für eine Seele. 1. Aufl. Reinbeck bei Hamburg: Rowohlt.

Eberl, Ulrich (2018): Was ist Künstliche Intelligenz - Was kann sie leisten? In: Aus Politik und Zeitgeschichte (6-8/2018), S. 08–14.

Eraßme, Rolf (2002): Der Mensch und die "Künstliche Intelligenz". Bewertung der unterschiedlichen Grundauffassungen vom Standpunkt des gemäßigten Realismus. Dissertation. TH Aachen, Hannover. Philosophische Fakultät. Online verfügbar unter https://www.fachportal-paedago-gik.de/literatur/vollanzeige.html?FId=676462#vollanzeige, zuletzt geprüft am 22.08.2021.

Gabriel, Markus (2016): Maschinen können nicht denken. Roboter werden niemals menschliche Intelligenz entwickeln. In: F.A.S. 2016, 13.03.2016, S. 29.

Gabriel, Markus (2018): Schlauer als jeder Mensch? Die Roboter werden uns nicht unterwerfen. In: F.A.S. 2018, 20.05.2018, S. 21.

Gabriel, Markus (2020): Der Sinn des Denkens. München: Ullstein.

Geldner, Andreas (2019): Die Dressur des Menschen. Daten ermöglichen Macht und Manipulation. In: Stuttgarter Zeitung 2019, 26.01.2019, S. 7.

Gillen, Erny (2019): Die Ethik-Falle. Die "ethischen Richtlinien" der EU für "vertrauenswürdige KI" sind etwas für Digitalkapitalisten. In: F.A.Z. 2019, 10.01.2019, S. 9.

Glaser, Peter (2018): Die Nichtmaschine. Das Problem der Künstlichen Intelligenz ist die Komplexität der Welt. In: Stuttgarter Zeitung, 29.08.2018, S. 16.

Heise Medien GmbH (Hg.) (2018): Maschine Learning. Verstehen, verwenden, verifizieren. iX Developer (Winter 2018). Hannover.

Heller, Piotr (2020): Künstliche Intelligenz in Ketten. Auch die EU will lernende Software regulieren. In: F.A.S. 2020, 09.02.2020, S. 53.

Helmstaedter, Moritz (2019): Von der Vernetzung zur Intelligenz. „Konnektronik" will eine KI, die alle heutigen Ansätze an Energieeffizienz und Datennutzung übertreffen könnte. In: F.A.Z. 2019, 15.05.2019, S. N2.

Henn, Wolfgang (2018): Wehe, die Computer sagen einmal "ich". KI kann uns gefährlich werden, wenn sie autonom wird. In: F.A.Z., 25.06.2018, S. 15.

Herz, Andreas V.M (2019): Das Denken ist hartes Brot, verehrte Maschine! Wie Theorie und Experiment dem Gehirn die Geheimnisse der Kognition abringen. In: F.A.Z. 2019, 12.06.2019, S. N1.

Irisigler Ingo; Orth, Dominik: Zwischen Menschwerdung und Weltherrschaft: Künstliche Intelligenz im Film. In: Aus Politik und Zeitgeschichte 2018 (6-8/2018), S. 39–46.

Kaiser, Walter R. (2015): Das Rotkäppchen-Syndrom. Vertrauen und Misstrauen. Norderstadt: BoD.

Kaplan, Jerry (2017): Künstliche Intelligenz. Eine Einführung. Frechen: mitp Verlags GmbH.

Krumay, Barbara (2018): Zu Nutzen der Menschheit. Ethische Aspekte und Responsible Research. In: Heise Medien GmbH (Hg.): Maschine Learning. Verstehen, verwenden, verifizieren. iX Developer (Winter 2018). Hannover, S. 142–146.

Kubinger/Jäger (Hg.) (2003): Schlüsselbegriffe der Psychologischen Diagnostik. 1. Aufl. Berlin: Belz.

Lanier, Jaron (2018): Könnte man das Internet in die Luft jagen? Gespräch über KI und soziale Netzwerke. In: F.A.Z. 2018, 12.12.2018, S. 15.

LeCun, Yann (2018): Ohne Künstliche Intelligenz funktioniert Facebook nicht. Interview mit dem obersten KI-Forscher von Facebook. In: F.A.Z. 2018, 06.11.2018, S. 19.

Leisegang, Daniel (2018): Künstliche Intelligenz: Wettlauf ohne Ethik. Die Bundesregierung in der digitale Sachgasse. Online verfügbar unter justicenow.de/2018-10-31/kuenstliche-intelligenz-wettlauf-ohne-ethik/, zuletzt geprüft am 10.01.2019.

Lenzen, Manuela (2018): Künstliche Intelligenz. Was sie kann & was uns erwartet. 2. Aufl. München: C.H.Beck.

Lenzen, Manuela (2018): Regeln für den Maschinenpark. Müssen wir den Entscheidungen selbständig lernender Maschinen blind vertrauen? In: F.A.Z. 2018, 20.11.2018, S. 13.

lid. (2018): Maschine bezwingt Mensch. Google-Computer schlägt Weltmeister im Brettspiel GO. In: F.A.Z. 2018, 10.03.2018, S. 21.

Lindinger, Manfred (2019): Der gepflegte Dialog der Drähte. Neuromorphe Computer rechnen nach Art des Gehirns. In: F.A.Z. 2019, 16.01.2019, S. N1.

Mahlsburg, Christoph von der (2019): Gesucht: Vorbilder für kluge Algorithmen. Einige provokante Thesen zum KI-Hype. In: F.A.Z. 2019, 13.03.2019, S. N1.

Metzinger, Thomas (2010): Der EGO Tunnel. Eine neue Philosophie des Selbst: Von der Hirnforschung zur Bewusstseinsethik. Berlin: BV Berlin Verlag GmbH.

Misselhorn, Catrin: Künstliche Intelligenz. Der Mensch muss der Maschine eigentlich vertrauen. In: ZEIT-Online.

Misselhorn, Catrin (2018): Grundfragen der Maschinenethik. Ditzingen: Reclam.

Misselhorn, Catrin (2018): Können und sollen Maschinen moralisch handeln? In: Aus Politik und Zeitgeschichte (6-8/2018), S. 29–33.

Misselhorn, Catrin (2018): Künstliche Intelligenz. Der Mensch muss der Maschine eigentlich vertrauen. Interview. In: ZEIT-Online 2018, 31.07.2018. Online verfügbar unter https://www.zeit.de/digital/2018-07/kuenstliche-intelligenz-maschinen-bewusstsein-robotik-denken.

Misselhorn, Catrin (2019): Roboter sollen uns helfen - und nicht gängeln. Interview. In: Stuttgarter Zeitung 2019, 31.01.2019, S. 16.

Misselhorn, Catrin (2019): Roboterethik - Haben Maschinen Moral? Gespräch. Unter Mitarbeit von Ralf (Redaktion) Caspar (SWR2 Wissen: Aula). SWR2, 22.04.2019. Online verfügbar unter www.swr2.de.

Mumford, Lewis (1997): Mythos der Maschine. Kultur, Technik und Macht. Frankfurt am Main: Fischer Taschenbuch Verlag.

Neumaier, Otto (1994): Was hat "Künstliche Intelligenz" mit Ethik zu tun? In: Conceptus: Zeitschrift für Philosophie (70), S. 41–76. Online verfügbar unter https://www.academia.edu/22346870/Was_hat_Künstliche_Intelligenz_mit_Ethik_zu_tun, zuletzt geprüft am 11.01.2019.

Newen, Albert (2018): Der perfekte Psychopath. Geht von Künstlicher Intelligenz eine Gefahr für die Menschheit aus? In: F.A.Z. 2018, 23.08.2018, S. 11.

O´Neil, Cathy (2017): Angriff der Algorithmen. Wie sie wahlen manipulieren, Berufschancen zerstören und unsere Gesundheit gefährden. München: Hanser.

Otte, Ralf (2019): Künstliche Intelligenz. KI-Techniken verstehen., Potentiale abschätzen, Anwendungen kennen. 1. Aufl. Weinheim: WILEY-VCH Verlag.

Ramge, Thomas (2018): Mensch fragt, Maschine antwortet. Wie Künstliche Intelligenz Wirtschaft, Arbeit und unser Leben verändert. In: Aus Politik und Zeitgeschichte (6-8/2018), S. 15–21.

Range, Thomas (2019): Mensch und Maschine. Wie KI und Roboter unser Leben verändern. Stuttgart: Reclam.

Rohbeck, Johannes (1993): Technologische Urteilskraft. Zu einer Ethik technischen Handels. 1. Aufl. Frankfurt: Suhrkamp Taschenbuch.

Sangi, Roya (2019): Die gestaffelten Algorithmen. Wie die Datenkommission die Gesellschaft vor den Folgen übergriffiger KI schützen will. In: F.A.Z. 2019, 06.11.2019, S. N2.

Scharf, Lisa (2019): Maschinen können für die Menschheit gefährlich werden. Interview mit Prof. Wolfgang Henseler, HS Pforzheim. In: Pforzheimer Zeitung 2019, 23.03.2019, S. 3.

Scherk, Johannes; Pöchhacker-Tröscher, Gerlinde; Wagner, Karin (2017): Künstliche Intelligenz - Artificial Intelligence. Linz. Online verfügbar unter https://www.bmvit.gv.at/innovation/downloads/kuenstliche_intelligenz.pdf.

Schmidt-Schauß, Manfred; Sabel, David (2013): Einführung in die Methoden der Künstlichen Intelligenz. Vorlesungsskript Wintersemester 2012/2913. Goethe-Universität, Frankfurt. Institut für Informatik. Online verfügbar unter https://www.ki.informatik.uni-frankfurt.de/lehre/WS2012/KI/skript/skript11Feb13.pdf.

Schwartmann, Rolf (2018): Das Recht der Maschinen. Computer ordnen nach menschlichen Zielvorgaben unser Zusammenleben. In: F.A.Z. 2018, 25.10.2018, S. 8.

Simons, Markus (2020): Können Intelligenzen uns noch retten? Buchbesprechung "Novozön" von Gaia-Gründer James Lovelock. In: F.A.S. 2020, 16.01.2020, S. 42.

Socher, Richard (2018): Unterricht für Algorithmen. In: F.A.Z. 2018, 04.12.2018, S. 20.

Spehr, Michael (2017): Algorithmen fallen nicht vom Himmel. Sie sind überall, sie bestimmen unser Leben. In: F.A.Z. 2017, 18.07.2017, S. T1.

Süß, Heinz-Martin: Intelligenztheorien. In: Schlüsselbegriffe der Psychologischen Diagnostik. S. 217–224.

Tegmark, Max (2018): Die Menschheit kann erblühen wie nie zuvor. Interview. In: F.A.Z. 2018, 27.11.2018, S. 21.

Theobald, Oliver (2018): Maschinelles Lernen für absolute Anfänger. 2. Aufl.

Thiel, Thomas (2018): Wissen sie überhaupt, was sie tun? Undurchsichtige Algorithmen. In: F.A.Z. 2018, 20.06.2018, S. N4.

Thiel, Thomas (2018): Wir sind Labortiere in einem Feldversuch. Im Kreislauf der Daten und Verhaltenssteuerungen. In: F.A.Z. 2018, 05.10.2018, S. 12.

Tilly, Marcel (2018): Am Anfang war das Neuron. Eine kurze Geschichte des Deep Learning und der KI. In: Heise Medien GmbH (Hg.): Maschine Learning. Verstehen, verwenden, verifizieren. iX Developer (Winter 2018). Hannover, S. 21–23.

Tilly, Marcel (2018): Das Gehirn des Rechners. Künstliche neuronale Netze in Theorie und Praxis. In: Heise Medien GmbH (Hg.): Maschine Learning. Verstehen, verwenden, verifizieren. iX Developer (Winter 2018). Hannover, S. 16–20.

Wachsmuth, Ipke (2017/2018): Methoden der Künstlichen Intelligenz. Kurztexte zur Vorlesung. UNI Bielefeld, Bielefeld. Technische Fakultät. Online verfügbar unter https://www.techfak.uni-bielefeld.de /ags/wbski/lehre/digiSA/Methoden_der_KI/WS0708/.

Weber, Max (2005): Die protestantische Ethik und der Geist des Kapitalismus. Erftstadt: area-Verlag.

Werth, Reinhard (2010): Die Natur des Bewusstseins. Wie Wahrnehmung und freier Wille im Gehirn entstehen. München: C. H. Beck.

Wichert, Andreas: Künstliche Intelligenz. 2018. Online verfügbar unter https://www.spektrum.de/lexikon/neurowissenschaft/ku enstliche-intelligenz/6810, zuletzt geprüft am 28.12.2018.

Wildemann, Horst (2019): Künstliche Intelligenz ist wie ein Kleinkind. Die neue Technik ist ein fundamentaler Schritt der intellektuellen Evolution. In: F.A.Z. 2019, 06.05.2019, S. 16.

Winterhagen, Johannes (2017): Was heißt hier eigentlich intelligent? Was unterscheidet eine Maschine mit KI vom heutigen Computer. In: F.A.Z. 2017, 05.02.2017, S. 61.

Wolfangel, Eva (2018): Kampf gegen den Tod. Medizinische Start-ups versprechen die Heilung von Krebs, sogar Unsterblichkeit. In: Stuttgarter Zeitung 2018, 03.11.2018, S. 9.

Yogeshwar, Ranga (2018): All diese undurchschaubaren Apparate. Die Leute nutzen immer mehr Geräte, die sie immer weniger verstehen. In: F.A.Z. 2018, 12.01.2018, S. 12.

Yogeshwar, Ranga (2019): Maschinen herrschen. EU-Kommission legt ethische Richtlinien für den Umgang mit KI auf. In: F.A.Z. 2019, 10.01.2019, S. 9.

Zeigermann, Oliver (2018): Maßanfertigung. Grundlagen der Künstlichen Intelligenz. In: Heise Medien GmbH (Hg.): Maschine Learning. Verstehen, verwenden, verifizieren. iX Developer (Winter 2018). Hannover, S. 8–13.

Zuboff, Shoshana (2018): Im Zeitalter des Überwachungskapitalismus. Unter Mitarbeit von Bernhard Schmid. Frankfurt: Campus.

Weitere Bücher des Autors

Die Schlange in uns. Warum und wie wir verführbar sind. ISBN 978-3-8448-7241-5

Entscheidend. Psychologie und Technik besserer Entscheidungen. ISBN 978-3-8482-2078-3

Was Macht ausmacht. Das Macht-Paradox. ISBN 978-3-7448-3129-1

Demut oder pure Macht. Benedikt von Nursia und Machiavelli. ISBN 978-3-7322-9348-3

Götter, Gelder und Gewinne. Der Kapitalismus als Religion. ISBN 978-3-7322-7984-5

Die sezierte Seele. Die Wirklichkeit einer Illusion. ISBN 978-3-7412-2692-2

Single, Paar und Marktwirtschaft. Partnerwahl abseits romantischer Liebe. ISBN 978-3-8482-2942-0

Das Rotkäppchen-Syndrom. Vertrauen und Misstrauen. ISBN 978-3-7386-1163-2

Der Eurofrust des Dr. Thilo Sarrazin. Fakten und Folgerungen aus und zu dem Buch: Europa braucht den Euro nicht. ISBN 978-3-8448-9580-3

Die Alpträume des Dr. Thilo Sarrazin. Faken und Folgerungen aus und zu dem Buch: Deutschland schafft sich ab. ISBN 978-3-8423-9525-1

Alle Bücher gibt es als Print-Version und als E-Books
Informationen über den Autor siehe: *www.kaiser-forum.de*

Ihre Notizen zum Buch